JN017078

STRENGTH TRAINING
BASIS AND FRONTIERS

石井直方×柏口新二×髙西文利［著］

筋力強化の
教科書

東京大学出版会

Strength Training: Basis and Frontiers

Naokata ISHII, Shinji KASHIWAGUCHI and Fumitoshi TAKANISHI

University of Tokyo Press, 2020

ISBN978-4-13-053704-9

序にかえて

基本を極めるということ

　筋力トレーニング（筋トレ）の効果のしくみを研究テーマにしたのは1990年のことです。目標は2つありました。筋肥大のしくみを解明し、より効果的なトレーニング方法の開発につなげること。もう一つは、筋トレが健康にとって役立つものであることを科学的に示すことでした。

　それから30年が経過し、子どもから高齢者まで、多くの人が当たり前のように筋トレを行うようになりました。さまざまな新しい筋トレ方法が提唱され、それらがインターネットなどを通じて瞬く間に広まるようにもなりました。30年前には想像もできなかったほどの、嬉しい変化といえます。

　反面、筋トレの基本が軽視され、従来の方法を否定し新規性ばかりを強調するものや、「……だけすればよい」というような極端な方法論がもてはやされる傾向があることも否めません。しかし、筋トレの効果を分子レベルで調べた結果、経験に基づく「基本的処方」が、きわめて「確か」なものであることがわかってきています。「スロートレーニング」も、基本的な方法をもとに考案されたものなのです。

　また、本書で中心的に取り上げているスクワットは筋トレ種目の基本中の基本といえます。「しゃがんで立ち上がる」という単純な動作ですが、しゃがんだ状態から立ち上がった状態に移行する間、膝と股関節の位置が描く軌道の組み合わせは無数にあります。「どの軌道がベストか」は状況に応じて変わります。個々の状況に応じてベストな軌道を決めることができて、はじめて「基本を身に付けた」ことになるのです。

　本書は、単なる「筋トレの教科書」ではなく、研究者、臨床医、トレーナーがそれぞれの立場から「筋トレの基本」の重要性と有用性を語るものです。著者の一人である柏口は整形外科医として、40年もの間筋トレの臨床応用に取り組んできました。高西はトレーナーとして、トップスポーツ選手から高齢者

までを対象に特筆すべき指導実績を上げてきました。両者が用いる手技・手法は決して特殊なものではなく、基本的な筋トレを中心としたものです。「基本を極める」ことこそが、高度な専門性につながります。

　本書の構成は次のようになっています。第1章では、日常生活に関わる筋肉の疑問に対話形式で答えます。第2章では、筋肉のはたらきと筋トレの基礎理論を解説します。第3章は実践編で、ビッグ3とベントオーバーロウという基本種目を徹底的に解説します。初心者はもちろん、中・上級へのステップアップを図る方にも読んでいただきたいと思います。第4章では、ストレッチ、食事、トレーニングギアなどのテーマについて解説し、第5章では、再度対話形式で治療や予防の観点から筋力トレーニングを考察します。最後に、五十数種の基本的なトレーニング種目を注意点とともに紹介します。第1章と第5章は主に柏口が、第2〜4章、附録は主に高西が執筆し、2.3節の執筆と全体の調整・編集を石井が行いました。

　読者の皆様には、筋トレの基本の重要性とともに、その対面にある奥深さや難しさを読み取っていただければ幸いです。

石井直方

運動器治療における筋トレの役割

　整形外科医師として働き始めた 1983 年、医局の勉強会で自由テーマの発表をする機会がありました。私は「スクワット（SW）における足幅、下ろし方、体型による重心移動の違い」というテーマでスピーチを 30 分ほど行いました。医師としては新米ですが、学生時代に中尾達文先生の御指導でパワーリフティングを 5 年ほど行っていました。今思うと、居並ぶ先輩や大先生達を前に恥ずかしげもなく偉そうに話したものだと思います。拙いスピーチにもかかわらず皆さん耳を傾けてくれました。当時はスクワットがどういうものかも知られておらず、動画のプレゼンもできないので絵と実際の演技を交えて行いました。質問の多くは腰痛や膝痛などの整形外科疾患との関わりに関するものでしたが、井形高明教授と岩瀬毅信先生だけはスポーツ動作との関係について質問してくださいました。

　その後、興味を持った各地の先生から研究会や勉強会での講演の機会をいただくようになり、スクワットについて話をしました。スクワット動作のキーポイントは「膝が爪先より前に出ないようにしゃがむ」、「初心者は股関節からしゃがむ」、「重心がぶれないようにバーベルの下で身体を折りたたむ」など話しました。今では当たり前の常識になっていますが、当時はなかなか理解してもらえませんでした。

　医者としての修行中に常識とされている患者指導にたびたび疑問を持ちました。たとえば「プール内歩行で変形性股関節の進行を抑えることができる」とか「変形性膝関節症の予防や治療にレッグレイズやレッグエクステンションが良い」、「腰痛があるならスクワットはせずにベンチプレスをしなさい」などです。今では指導内容が変わっていますが、当時は揺らぐことのない常識だったのです。本書内でも、このことについては触れてありますのでご参照ください。

　現在では SNS などで科学的に十分に検証されていない偏った情報でも発信することができ、玉石混淆の情報が氾濫しています。こういった現状を心配して、枝葉ではなく、ぶれることのない筋トレの本道を示したく、石井先生、高西先生と一緒に本書を作成することになりました。日々のトレーニングや診療に役立つことを願っています。

柏口新二

現場の指導の立場から

　1988 年から長崎市において筋力トレーニング（筋トレ）専門のマルヤジムを経営しながら、福岡ソフトバンクホークスのトレーニングアドバイザー（2010 〜現在）として、ストレングスコーチ（筋トレの指導）をしています。

　発達段階にある小・中学生は「成長・発育促進」のために、高齢者は「老化予防・若返り」のためにトレーニングを行います。これらのトレーニング法は、アスリートや一般人が行うものと明らかに異なります。本書では、基本種目で各実践者に合わせた正しいフォームを作るための具体的な解説をしています。

　くわえて本書の特徴として、研究者（石井先生）と医学者（柏口先生）、そして現場の指導者（私）という 3 つの立場で構成されていることがあります。現場の指導者としては、「安全」と「効果」の両面からみても、この上ない補強ができたと思っています。

　さて、筋トレは続けることでしか結果を出すことができません。私自身は 46 年間トレーニングを継続しています。続けることができた理由は、筋トレに楽しさを見出すことができたということに違いありません。筋トレの理論と実践には、本書で紹介しているような興味深いことがたくさんあります。この「筋トレの楽しさ」を共有したい！　そのような心境で執筆させていただきました。微小なりとも読者の皆様のお役に立てるとすれば、この上ない幸せです。

　オールアウトするまで追い込んだ苦しさの極みには、最高の楽しさがあります。楽しい・正しい筋トレは、誰でも分け隔てることなく効果をあげることができます。私が関わった実践者のなかには信じられないほど、人生を豊かなものに変えた人たちがいらっしゃいます。

　出版にあたり、石井先生、柏口先生、それに東京大学出版会の岸純青氏には大変お世話になりました。原稿を書き上げ、マルヤジムやソフトバンクホークスの選手・関係者の皆様との貴重な体験を通して学んだことを執筆できた喜びに浸っています。心から感謝申し上げます。

　最後に、筆が止まり煮詰まってしまった私を、「父さん頑張れ！」と励ましてくれた高校生の息子、支えてくれた娘と妻に、愛のカタチとしてこの本を贈りたいと思います。

髙西文利

目 次

第 *1* 章　運動器としての筋肉──筋肉の疑問

登場人物

　質問者 1　真一郎くん：高校 2 年生の野球選手
　　　　　　いろいろなトレーニング法をネットで収拾し、知識はあるが、実践できていない。レギュラー入りを目指して日夜頑張っていて、睡眠時間は 5、6 時間で過労気味である。

　質問者 2　桂子さん：肩凝りと腰痛持ちの 40 歳代のワーキングママ
　　　　　　毎日仕事で PC に向かい、さらに暇があるとスマートフォン（スマホ）を使っている。肩凝りがひどく、手が痺れることもある。年に数回、腰痛が出て、病院に行く。

　質問者 3　美代子さんと正一さん：ジムに通う 70 歳代の夫婦
　　　　　　妻は小太りで、膝の変形と痛みに悩んでいる。熱心にジムに通ってトレーニングしている。ご主人はしかたなく妻に引っ張られてジムに通っているが、さぼりがちである。

1.1　日常生活と筋肉

●重力 vs 筋肉

　私たち人類は二足歩行で歩き、椅子に座って作業をします。ずっと重力を受けているため、適正な姿勢を保つために特定の筋へ負担を強いることになりました。この特定の筋が「抗重力筋」で、この異常によってさまざまな障害や疾患に悩まされるようになりました。この章では「日常生活と筋力との関係」について解説します。

1)　姿勢異常がもたらす痛みと痺れ

桂子さん　「私、仕事でパソコンに向かっている時間が長く、午後になると首から肩

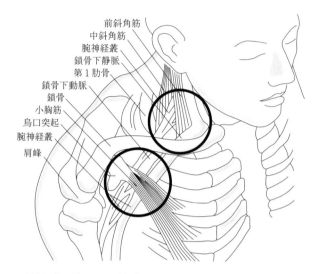

前斜角筋
中斜角筋
腕神経叢
鎖骨下静脈
第1肋骨
鎖骨下動脈
鎖骨
小胸筋
烏口突起
腕神経叢
肩峰

図 1.1　腕神経叢は前・中の斜角筋の間を通り、小胸筋と肋骨の間を通ります。
胸郭出口症候群では丸の部位で圧迫されて痛みや痺れを生じます。

や背中が張って息苦しくなります。病院で首のレントゲン写真を撮り、ストレー
トネックと診断を受けました。マッサージを受けると楽になりますが、そのとき
だけです。どうにかなりませんか」

　似たような症状で悩んでいる OL の方はたくさんいます。人によると手が痺
れたり、目眩や耳鳴りなどの症状を合併している方もいます。まさに IT 社会
が生み出した現代病です。これは仕事中や日常生活での姿勢が原因になってい
ます。猫背で肩を前に突き出し、うつむき加減になっている。こういう姿勢を
長時間続けていると、頭を支えるために働く頸部の小さな筋や肩の僧帽筋が過
剰に緊張して首から背中の張りが生じます。前・中の斜角筋や小胸筋といった
小さな筋肉が過剰に緊張してコチコチに固まり、その間を通る腕神経叢という
神経の束が圧迫されます（図1.1）。そうなると腕や手が痛んだり痺れたり、指
先が冷たくなったりします。正式には胸郭出口症候群という病名がついていま
す。

　こういった方の首のレントゲン写真を撮ると、前方への反りがなくなり、ま
っすぐになっているのでストレートネックといわれます（図1.2）。ストレート

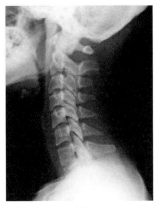 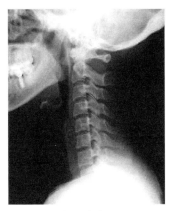

正常　　　　　　　　　　　　　　ストレートネック

図1.2　左の正常の人では頸椎は緩やかに前方凸に7つ並んでいますが、項部
　　　の筋疲労で頭を支えられなくなると右のように1列にまっすぐに並ぶよう
　　　になります。さらに悪化すると後方凸になったり、S字状になったりします。

ネックは病名ではなく、骨の並び方の状態や表現です。姿勢（骨の並び）は意
識や力の入れ方で自在に変えることができるので、筋力トレーニング（筋トレ）
で改善できます。ただし首まわりだけのトレーニングではダメで、下肢、骨盤、
脊柱全体にアプローチして全身のリセットが必要です。

桂子さん　「パソコン以外にスマホもよく使います。特にスマホを操作する側の肩や
　　背中、肘が痛くなります」

　スマホの普及に伴い、この胸郭出口症候群の患者さんが急激に増え、成人だ
けでなく小中学生にまで広がっています（図1.3）。スマホはパソコン以上に負

図1.3　パソコンやスマホを操作する
　　ときは猫背やうつむく姿勢になり、
　　首や背部の筋が過労に陥りやすい。

担がかかります。その理由は片手操作であることと、かなりうつむく姿勢になることです。

真一郎君　「うちのチームのエースが右肘の痛みと痺れでボールを握ることもできなくなりました。病院でスマホが原因だといわれたそうですが、どうしてスマホが悪いのですか。わけがわからないです」

　スマホの普及とともに高校球児の肘痛や肩痛が増えました。その理由は猫背になり、胸を張る動作ができなくなったからです。胸を張れないと肘下がりの状態で投球するようになるので、肘に負担がかかり、特に肘の内側を通る尺骨神経が牽引されて障害を引き起こします。高校球児では胸郭出口症候群に伴う尺骨神経障害が著しく増えています。そのためスマホの使用を制限したり禁止したりするチームも出てきました。治療は、まずは疲れてコチコチに固まった筋肉を回復させるためにスマホを止めて、マッサージやハイドロリリース（超音波診断装置（エコー）下での筋膜剥離）をします。軽い負荷での筋トレやストレッチ、ダンスなども回復を早めます。原因となった生活習慣や環境を整えることも必要です。回復の兆しが見えたら、次は弱った筋を徐々に鍛えていきます。焦らず時間をかけて良い姿勢を再獲得してください。

桂子さん　「わかりました。仕事中の姿勢に注意し、2時間に1回くらいは伸びをするなどストレッチの時間をとります。スマホも制限するようにします」
真一郎くん　「それでエースは病院のリハビリに通っているんだね。僕もスマホを使う時間を減らします。それとストレッチを教えてもらいに病院へ行きます」

2)　加齢と姿勢変化

正一さん　「うちの婆さんは若い頃は美人だった。背筋がシャキッとして、歩く姿も颯爽としていた。でも近頃は背中も丸くなり、ヨロヨロ歩いとる」
美代子さん　「お爺さん嫌ですよ。あなたも背中が丸くなり、背が縮んだわよ。人のことがいえるものですか」

　微笑ましい老夫婦の会話です。歳を経るにつれて、どんな美人も皺やシミが増え、背中が丸くなり、膝を曲げて歩くようになります。やがては歩くのが困難になり、杖を使い、車椅子の生活になります。皆さんが高校時代の漢文で習

図 1.4　妙齢の美人も歳とともに背中が丸くなり、杖を必要とし、やがて車椅子生活になります。

図 1.5　人類は二足歩行することで、手が自由になり、文明が発達できた。進化とともに姿勢も変化してきました。

った、劉希夷「代悲白頭翁」の「年年歳歳花相似たり、歳歳年年人同じからず」の漢詩どおりです（図1.4）。悠久の時間の中で自然界の変化はわずかですが、私たち人間は歳とともに急激に衰えていきます。

　それではどうして背中が曲がり、背が縮むのでしょうか。それには二つの理由があります。一つは抗重力筋の弱化です。私たちは重力のある中で生活しています。この重力に負けずに体を起こし、二本足で歩くときに働く筋が抗重力筋です。類人猿から分かれ進化する過程で二足歩行に適するように抗重力筋が発達しました（図1.5）。19世紀半ばにヘッケル（Ernst Haeckel）は反復説の中で「個体発生はその中で系統発生を繰り返す」と説明しました。生まれた赤ん坊がハイハイして、やがてつかまり立ち、そして二本足で歩けるようになる。この発達過程は人類が類人猿から進化してきた過程をなぞっているようにもみ

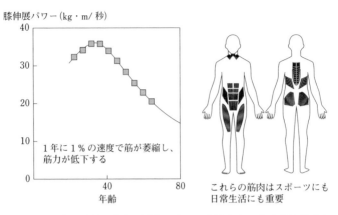

図 1.6　項部筋、腹筋、背筋、臀筋、大腿四頭筋などが代表的な抗重力
筋です（Israel, 1992 および川初、1974 より改変）。

えます。

　次に抗重力筋は具体的にはどこにあるのでしょうか。抗重力筋といわれる筋
肉は図 1.6 に示したように身体の中心にあります。こういった筋は加齢ととも
に、また活動の減少とともに萎縮していきます。その結果、身体をしっかりと
支えられなくなり背中が丸くなるのです。ちょうど図 1.5 の進化過程を逆回し
したように衰えていきます。

正一さん　「それなら男も女も同じように縮みませんか。わしより婆さんのほうが余
　計に縮んだように思うのですが」

　確かに男性より女性のほうが小さくなります。それには理由があります。二
つ目の縮小のメカニズムは脊柱の椎体の変形と椎間板の変性です。女性は閉経
後にホルモンバランスの関係から骨粗鬆症が進みやすく、椎体が徐々に潰れて
脊柱が前後、ときには左右に曲がってしまいます。また椎体と椎体のクッショ
ンの役割をする椎間板も壊れて薄くなってしまいます。その結果、脊柱全体が
歪んで縮んでしまうのです。老人、特に女性はこの二つの理由で身長が小さく
なりやすいのです。

正一さん　「わしらは歳で背中が丸くなるのはわかったが、若い連中も丸い人が多く
　なりましたね」

図 1.7　二足歩行とともに姿勢は変化したが、文明の進歩に伴い仕事上の作業姿
　　　　勢が変わり、再び背中を丸めた姿勢が多くなってきました。

　正一さんの言うとおり、我が国では姿勢の悪い人が増えました。これは先進国に共通する現象です。類人猿から進化する過程で二足歩行ができ、手が自由になりました。しかし文明が進む中でうつむき加減でする作業が多くなり、IT 社会では急速に姿勢の悪化や体力の低下が進みました。姿勢に関しては進化ではなく退化しているようです。退化をくい止めるために積極的な運動（筋トレやストレッチ）で体力回復に努める必要があります。図 1.7 はそれを風刺したイラストですが、社会全体で真剣に受け止めるべき深刻な問題だと思います。

3)　水中歩行だけでは骨も筋肉も痩せる

美代子さん　「医師の勧めもあって、プールで歩いています。確かにプールの中を歩
　　くときは膝の痛みは少ないのですが、プールを出ると元どおりの痛みがあります。
　　ときには余計に痛く感じることがあります。これはどういうことですか」

　膝や腰の悪い方にリハビリとしてプール内歩行をよく勧めます。また痛くなる前の予防として、プール内歩行を励行している方々も多くいます。“プール神話”といって「プールでの運動は身体に良い」と頭から信じている方はたくさんいます。プール内での運動はリハビリとしては一長一短があります。プール内では浮力のおかげで膝にかかる負担が減るので、太っている人の場合は楽に歩けるようになります。しかし膝周囲筋への負担も少なくなるので筋トレとしての効果は少なくなります。プールから出たときは元の重力を受けるので、身体が余計に重く感じたり、全身の倦怠感を感じたりします。術後の患者が荷重をコントロールする場合や太った人が減量のためにプールを利用することは有意義ですが、普通に歩けている人がプール内を歩くだけでは筋トレとしての

体重の約 50%　　　　　　体重の約 30%　　　　　体重の約 0 〜 10%

図 1.8　水深と浮力の関係を示しました。腰の深さまでなら浮力が 50% くら
　　　いです。胸の深さになると浮力は 70% で体重負荷は 30% になります。首の
　　　深さまでくると 90% 以上の浮力を受けて、体重は 10% 以下になります。

効果は期待できません。図 1.8 は水深と浮力の関係を示したもので、腰まで水
につかると体重負荷は 50%、胸までつかると 30%、首までつかると 10% 以下
になります。したがってリラクゼーションや有酸素運動としての意義はありま
すが、筋力強化としての効果は地上を歩くより少なくなります。宇宙飛行士が
長期間宇宙に滞在すると筋肉や骨が痩せてしまうのも同じ理由からです。

美代子さん　「それなら私は無駄なことをしていたのですか。代わりに何をしたらい
　　いのでしょうか」

　美代子さんのしていたプール内運動は無駄ではありません。有酸素運動の効
果と水の持つ癒やし効果で心身のリフレッシュをはかることができます。通っ
ているスポーツジムで、あわせて筋トレをすればいいのです。種目は自重での
スロースクワットや軽い負荷でのレッグプレスがお勧めです。膝を曲げた位置
から伸ばすレッグエクステンションはお勧めできません。膝だけの単関節運動
は、ボディビルダーが大腿四頭筋に特化して負荷をかけるには効果があります。
一般の方は膝だけでなく股関節や足関節も一緒に動かす複合運動のほうが安全
で、しかも効果があります。

美代子さん　「筋トレとプール内歩行、どっちを先にすればいいの」

　とてもいい質問です。効果が出るためには、先に筋トレをしてください。逆
だと疲れてしまい、筋トレのときに十分に力を発揮することができないからで

す。筋トレで筋肉に負荷をかけて、その後でプール内歩行で疲れた筋肉をほぐ
してください。ただ運動量が増えるので、少し余力を残してプールを出るよう
に心掛けてください。下半身の筋トレは週に2回（たとえば月曜日と木曜日）も
すれば十分で、毎日はやり過ぎです。その他の日は上半身など他の部位の筋ト
レをするといいです。

1.2　筋トレの誤解

1）　ボディビルダーは「見せる筋肉？」

真一郎くん　「野球部ではオフシーズンにはチームで筋トレをしているんですが、柔
　道部ではしません。柔道部の部長は、筋トレでつくった筋肉は"見せる筋肉"だ
　から実戦では役に立たないと言っていました。そうなんですか」

　今でもそういった考え方の指導者は少なからずいます。そして一概に否定す
ることはできません。指導者がそういう考え方になった理由があるはずです。
まずアスリートとボディビルダーの筋肉の違いについてみてみましょう。図
1.9 は筋肉を光学顕微鏡、電子顕微鏡と細かく観察したもので、筋束、筋線維、
最終的には筋原線維に行き着きます。どんな手段で調べてもアスリートとボデ

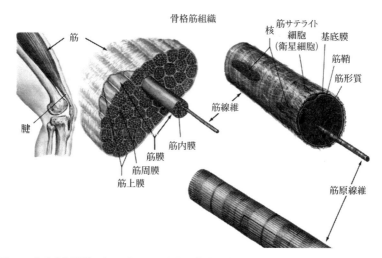

図 1.9　筋肉を顕微鏡で細かくみていくと、筋束、筋線維、そして筋原線維になります
（Netter, 1987 より改変）。

ィビルダーの筋肉は構造的にまったく同じものです。そういう意味では両者に違いはなく、“見せる筋肉”などというものは存在しません。ボディビルダーは“筋肉を見せている”のではなく、“筋肉で表現している”のです。バレエやフィギアスケートのパフォーマンスと共通します。

　それでは、どうして柔道部のコーチがそういう誤った考えを持つようになったか、考えてみましょう。真一郎くん、そのコーチは大きな身体の人ですか。どのレベルまで柔道をしていましたか。

真一郎くん　「今も120 kgくらいの大きな身体をしています。柔道は大学まで選手としてやっていたそうです」

　やはり大きな身体の持ち主ですね。重量級の選手は乱取りで組み合っているだけで、かなりの力を使います。軽量級や中量級では動きが速く、組み手争いもあります。重量級では最初からお互いが組み合い、押したり引いたりします。これは筋トレそのものです。だからそのコーチは柔道の稽古をするだけで、がっちりとした身体になったのです。レスリング選手でも同じような傾向があります。レスリングにはグレコローマンとフリーのスタイルがあり、グレコローマンスタイルは上半身だけにしか攻撃できないので、組み合います。そのためグレコローマンの選手の上半身はボディビルダーのように発達しています。一方、フリースタイルでは下半身へのタックルもあるため、離れて間合いを保ちながら闘います。したがってグレコローマンの選手より上半身の発達は少なくなっています。機械体操の選手も同じで、吊り輪や鞍馬、鉄棒の演技そのものに、筋トレの要素があるので、筋トレをしなくても上半身が発達しています。柔道部のコーチも自分は筋トレしなくても筋骨隆々になったので必要性を感じず、柔道の練習だけで十分な筋力が付くと考えるようになったのでしょう。

真一郎くん　「なるほど、重量級と軽・中量級では違うんですね。個人差や人種差なんかもあるのですか」

　あります。欧米、特に東ヨーロッパの人々は筋力が強いようです。またアフリカ系の選手の腸腰筋は日本人の1.5倍くらい太いといわれています。スピードとパワーのある外国人選手に対して技をかけるためには、パワーに負けないだけの最低限の筋力を身に付ける必要があります。技術や戦略が重要視される

サッカーにも当てはまります。外国人選手の圧力に負けないだけのスピードと
パワーがあれば、自分たちのパス回しにも余裕が出てきます。

2) 筋肉が付きすぎる?

桂子さん 「今流行の痩身美容はダイエットと筋トレですが、私はどうしても筋トレ
　　　　には積極的になれません。モリモリの身体になりたくないからです」

　高いお金を払って行うマンツーマン制の痩身美容が流行っていますね。あれ
はボディビルダーがコンテスト前に行っているコンディショニングに似ていま
す。厳密にカロリー計算をして食事の調整と筋トレをすれば、特殊な病気がな
い限り、通常は皮下脂肪をカットできます。成否の鍵はそれをどこまで自分に
厳しく行えるかです。桂子さんは筋トレでモリモリの身体になることを心配し
ていますが、そんな心配はありません。オリンピックの女子短距離選手の身体
を見るとわかりますが、引き締まった身体をしていますが、やはり臀部や胸に
は女性特有の丸みがあります。ステロイドに汚染されたボディビルダーにみら
れるような三角筋や僧帽筋の異常な発達はありません。薬物と無縁の食生活を
している限り、ムキムキ、モリモリの体にはなりません。筋トレをしたことの
ある男性ならわかると思いますが、ちょっとやそっと筋トレをしたぐらいでは
ムキムキにはなりませんし、なれません。かなりの期間をかけて肉体を限界ま
で追い込まないと、周囲が驚くほどの筋肥大は起こりません。女性が痩身や健
康づくりを目的に筋トレをしても、せいぜい引き締まるくらいです。安心して
ください。

桂子さん 「確かに 100 m の女子チャンピオンの選手なんかスタイルいいですね。
　　　　そのままモデルさんでも通用しそうですね」

　また、アスリートは競技種目に応じて、ふさわしい身体があります。これは
用途に応じた乗り物に喩えることができます。100 m のスプリンターはオート
レース用のモンスターバイク、重量級の男子柔道選手はトラックやダンプカー、
女子卓球選手なら小型のモンキーバイクでしょうか。卓球や体操の女子選手が
大柄で体重があると、素早い動きができません。同じ女子でも砲丸投げでは身
長が高く、体重があるほうが有利です。それぞれの目的に応じた体格、体型と
いうものがあります。

3)　筋肉が邪魔になる

真一郎くん　「チームに来ているトレーナーが胸の筋肉が大きくなると投球動作の妨げになるから、ベンチプレスはするなと言います。そんなことってあるのですか」

　これも難しい質問ですね。そのトレーナーの意図がわからないので、直接に話してみないと正確には答えられませんが、いくつかのケースが考えられます。一つはベンチプレスのフォームや動作です。バーが胸に着くまで深く下ろさずに、途中で止めてしまう人がいます。肩と腕の力で押し上げ、大胸筋をあまり使わないフォームになります。こういう動作を続けていると、猫背で肩甲骨が前傾し、投球時に胸郭を広げることができなくなります。そういった理由でベンチプレスを勧めないのかもしれません。ベンチプレスでは「バーを胸に下ろすというより、胸でバーを迎えにいく」意識が大切です。こうすることで、胸郭を広げることができます。本来、ベンチプレスは胸郭を広げるためのトレーニングなのです。

　もう一つは筋トレの動作速度です。バーをゆっくりと 2、3 秒かけて下ろす方法、さっと下ろして胸の上で弾ませて一気に押し上げる方法では目的と効果が違ってきます。筋肉に効かせる（刺激を与える）場合は前者がよく、ビルダーの方々はこのやり方が多くなります。このやり方で常にトレーニングしていると、力の発揮様式がゆっくりとなり、競技のパフォーマンスとは大きく異ってしまいます。そのために反動を使わないゆっくりとした動作の筋トレを勧めないトレーナーもいます。一方、後者のやり方は反動を使い、競技のパフォーマンスに近く、それに適したパワーは付きますが、関節への負担が大きく、障害を起こしやすくなります。アスリートはどちらにも偏らずに、両者を適度に組み合わせてトレーニングするといいです。

真一郎くん　「力は強くても野球が下手だったり、逆に筋力がなくても野球が上手だったりするけど、何が関係するのですか」

　これも難しい質問です。野球の上手・下手は競技パフォーマンスの理解やセンスが問題になります。また、小さい頃からの運動経験や身体能力も関係します。多くの要素が関係するので、答えはありません。ただ、筋トレだけではパフォーマンスは上がりません。柔軟性（ストレッチ）や技術（スキル）練習を並行して行わなければ上達はしません。

　下肢や体幹の筋力が弱いにもかかわらず、時速 150 km 近いボールを投げる投手がいます。高校生としては逸材であっても、プロ野球に入団してからなかなか一軍に上がれないことがあります。上手に運動連鎖を使えるので球速は速いのですが、疲労や故障でどこかに不具合があると調整できなくなります。ローテンション入りしても、体力がないので疲れてダウンしたり、疲労で筋が硬くなるとフォームが乱れて球速も落ち、コントロールも定まらなくなったりします。下半身や体幹の筋力が弱く、高いレベルの練習や試合についていけないのです。こういった選手は二軍で一から体をつくり直す必要があります。高校時代は球速 130 km 台だった投手が社会人野球の 2 年間で体を鍛え、140 km 台後半まで投げられるようになり、プロ野球のエースになった選手もいます。その選手は社会人野球に入団した頃は 100 kg のスクワットもできなかったのですが、コツコツと頑張り 2 年目終盤には 140 kg で 10 回フルスクワットできるまでになりました。体重も 10 kg 以上増え、余裕をもって投げられるようになったそうです。

　また筋トレはやればいいというものではなく、成長に合わせて負荷を調整する必要があります。高校時代は身長が伸びていたので、筋トレの負荷は軽めに抑え、プロに入ってから本格的に筋トレを始めて、5 年後 MLB（メジャーリーグベースボール）に移籍する頃には最速 160 km 以上で、150 km 台を安定して投げられる体力を付けた選手もいます。

4）　インナーマッスルとアウターマッスル

真一郎くん　「スポーツで重要なのはインナーマッスルで、ジムでの筋トレはアウターマッスルだけを鍛えているのでダメだとトレーナーに言われました。そうなのですか」

　そんなことはありません。まずはインナーマッスル（以下 IM）とアウターマッスル（以下 OM）という言葉について説明します。本来、IM は身体の深部にある筋、OM は身体の表層にある筋の意味で使われていました。最初に使われるようになったのは肩の障害に対するリハビリです。肩関節は深層に腱板と呼ばれる棘上筋、棘下筋、小円筋、肩甲下筋があり、表層には三角筋、大胸筋、広背筋などの大きな筋群があります。肩は上腕骨頭が肩甲骨窩を中心に円運動します。このときに三角筋などの表層の大きな筋群は肩を動かす力源にな

っており、深部にある腱板は上腕骨頭を肩甲骨窩に固定して、回転運動の支点を作る働きをします。機能の面からいえば腱板はスタビライザーマッスル（支点を作る筋）で、表層の大きな筋群はモビライザーマッスル（力源）です。使い過ぎなどの原因で腱板機能が低下すると支点が定まらず、上腕骨頭が円運動できなくなります。こういったときに治療として腱板のストレッチや賦活化を行ったために、腱板すなわち IM が重要だと考えるようになったと思われます。しかし、どちらか一方だけが重要ではなく、両方がうまく機能する必要があります。両方を鍛えなければ意味がありません。

　当時はこの IM、OM という考え方は画期的だったのでさまざまな部位に応用されるようになりました。深層、表層といってもどこまでが表層なのか明確な定義はありません。そのため言葉だけが一人歩きしたようです。ある人は衣服の下着と上着の意味で使い、体幹においては腹横筋が IM で腹直筋や腹斜筋は OM だと言う人も出てきました。発想は面白いのですが、すべてを一つの考え方で説明するには無理があるように思います。同様に、ローカルマッスルとグローバルマッスルという概念も脊椎の運動を説明するには優れたものですが、全身あらゆる部位を説明するには無理があります。

1.3　筋トレと痛み

1)　異常警報としての痛み

真一郎くん　「スポーツの練習や打撲、切創などのケガでも痛みが出るけど、痛みがあると動かしにくくなります。痛みはなぜ起こるのですか」

　これは難しい質問ですね。「痛み」そのものの研究は極めて奥が深く、今も完全には解明されていません。痛みと脳との関係、痛みの伝達経路、発痛物質などさまざまな研究がなされています。ここでは痛みの役割について説明します。

　どんなに鍛え上げた名人や達人でも、本来の動きができなくなる原因がいくつかあります。まずは脳や末梢神経の傷害による麻痺ですが、これは力源である筋肉に命令を伝えられなくなるために、筋肉を動かせなくなるものです。もう一つが「痛み」です。痛みがあると動きが止まります。痛みが出ないように動かし方を変えたり、バンテージやサポーターを付けたりします。最初はごま

かせていても、やがて痛みが強くなり、動かせなくなります。300 kgのスクワットができていたのが、200 kgになり、100 kgになり、やがて空荷でもしゃがめなくなります。薬を飲んでも、注射でブロックしても効かなくなり、気力はあっても身体が動かなくなります。

　そもそも痛みは何のためにあるのでしょう。痛みは生体の生命維持のための防御機能の一つだということができます。身体に有害事象が発生したときに痛みを出すことによって回避する必要性を知らせているのです。毒物を口に入れないように臭いで感じ、誤って口に入れても苦みで吐き出すようになっています。痛みもそれと同じように身体が壊れないように守る役割をしています。

　シャルコー関節という病的な状態があります。神経麻痺や脳障害により痛みを感じなくなり、動きは普通にできる状態のことをいいます。この状態では、痛みを感じないために活動のブレーキが効かず、生理的な範囲を超えて動かしてしまうのです。そのために靭帯や軟骨、骨が壊れ、最終的に関節が破壊されて動かせなくなります。そういう人の患肢には火傷や傷跡がたくさんあります。火傷や傷ができても気づかないからです。手術で治しても、繰り返し傷付いて治せないことが多く、最終的に患肢を切断することもあります。

　痛みは体の異常警報だといえます。したがって痛みがあるときは、我慢したり、安易に薬で抑えたりせずに医療機関（専門医）にかかり、何が起こっているかを調べることが大切です。重症化・慢性化する前に、初期の軽いうちに適切な治療を受ければ選手寿命を延ばすこともできます。

2)　心配する必要のない痛みはあるか

真一郎くん　「痛みは身体を守るために大切な警報だとわかりました。でもどの程度
　の痛みなら病院に行けばいいのですか。少しでも痛かったら行ったほうがいいの
　ですか」

　皆が少しの痛みで病院に行っていたら、チームの練習にならないし、医療機関もパンクしてしまいます。どの程度の痛みなら、どこが痛かったら病院に行くかの目安を説明します。まずは関節が痛いのか、筋肉が痛むのかに分けて考えましょう。打撲や捻挫などの外傷で関節が腫れて痛むときは精密検査を受ける必要があります。靭帯損傷や骨折の場合はきちんと治るまで無理は禁物です。手術が必要か、待てば治るかを判断してもらってください。次にケガではない

が試合や練習で追い込むと関節が腫れてくる場合も精密検査を受けたほうがいいでしょう。靱帯や半月板、滑膜ヒダなどが傷付いていることがあります。

　次に筋肉の痛みですが、これも強く打撲したときは筋挫傷で筋肉が断裂していることがあるので MRI や超音波診断装置などで検査を受けて、損傷の程度を調べる必要があります。断裂の程度や部位によっては血腫の吸引などの処置や腱縫合などの手術が必要なこともあり、回復までの期間も違ってきます。外傷でなく、筋トレ後の筋肉痛などで原因がわかっている痛みは様子をみても心配ありません。ただし局所の圧痛や硬結が数週間も続くときは精密検査を受ける必要があります。筋膜や筋線維が癒着して動きにくくなっていることもあり、徒手や注射で癒着を解除する必要があります。わかりやすくいうと、①強い痛みがある、②痛みが持続する、③痛みを繰り返す、このようなときは専門医を受診してください。

　以上は成長期の選手や一般スポーツ愛好家に対しての一般論で、ベテラン選手の対応は違います。彼らは数多くの痛みの経験から、「これは大丈夫」、「今回の痛みは違う」ということをある程度は判断できます。トップレベルのスポーツを長く続けていると、常にどこかに痛みがあるようです。痛みに慣れてしまうのはよくないことですが、「痛みと付き合う」ことはどうしても必要になります。シーズンの時期、チームでの役割、自分の身体とパフォーマンスをみながら、ぎりぎりのところで折り合いをつけていくことになります。その代わり、現役を終えたときには関節はボロボロに変形してしまうこともあります。

第 2 章 筋肉の不思議——筋生理学から学ぶ

2.1　筋肉を知ろう——筋肉の役割

1)　筋肉の 4 つの役割に注目する

　私たちが筋力（レジスタンス）トレーニング（以下：筋トレ）を行う目的とは何でしょうか。

　多くの方が、メタボリックシンドローム（メタボ：内臓脂肪症候群）の予防・改善を含め、余分な脂肪を落として体をひきしめるために行っています。また、「老化予防・若返り」の目的で行う方も多くいます。ロコモティブシンドローム（ロコモ：運動器症候群）の予防と改善のためにも筋トレは有効な手段です。最近、耳に入ってくるようになってきた、サルコペニア（加齢性筋減弱症）の予防・改善にも筋トレは効果的です。

　スポーツ競技では、「ケガや故障を予防して、競技で勝つ」ために行われていますし、その他にも「子どもたちの成長・発育促進」、「健康管理」、「病後の体力回復」など、その目的はさまざまです。

　ではなぜ、筋トレがこれらの目的を叶えるために有効な手段となるのでしょうか？　この疑問に答えるために、筋肉自体に目を向けてみましょう。すると筋肉には、次の「4 つの役割」（図 2.1）があることがわかります。

　　①体を動かす（運動の発動）
　　②体を守る（衝撃の吸収）
　　③熱を出す（熱の発生）
　　④血の巡りを助ける（循環の補助）

　この「4 つの役割」を同時に、かつ強力に向上させるのが筋トレなのです。筋トレを行うことで、これらの役割に関連する機能が引き上げられ、その結果

として、冒頭で述べたようなさまざまな目的を達成できるのです。

2)　筋肉の「4つの役割」を決めるものは？

　筋トレは、筋肉の4つの役割に関連する機能を強力に向上させますが、いったい筋肉の何を変えているのでしょうか？　筋トレを行うと、筋力が強くなります。それに伴って筋肉が太く、大きくなっていきます。また、重量を調整して回数を多く行うと筋持久力が付いてきます。これらの何が筋肉の4つの役割と関わりがあるのでしょうか？

　それは、ズバリ筋肉「量」です。筋トレによって「筋肉量を増やすこと」が、筋肉の4つの役割を向上させるのです。筋力は、筋肉横断面積に比例することが生理学的にわかっています。筋肉量が増えると比例して筋力もアップします。これを「筋肥大・筋力増強」と表現し、またより具体的に「筋肉を太く、大きく、強くする」といったりします。

　より速く体を動かしたり、転んだときの衝撃に耐えて関節や臓器を守ったり、ケガや故障を防いだりするためには筋肉が必要です。疲労回復の促進にも、筋肉が熱を出し新陳代謝を上げることが必要です。そして、より強靱な体づくりには、しっかりとした食事を摂って栄養素に満たされた血液を、円滑に循環させることが必要です。

　筋肉がなければ体を動かすことができません。老化によって、そのことに気づく人も多いでしょう。運動をしていないと、30歳代から足腰の筋肉量が1年で1％減り続けるといわれています。しかし、その年齢をすぎても、適切な筋トレを行うと3ヵ月で5％増加させることができます。

　また、筋トレのオプションの効果として、姿勢の維持と血管・臓器の保護もあります。さらに、最近の研究で筋肉が内

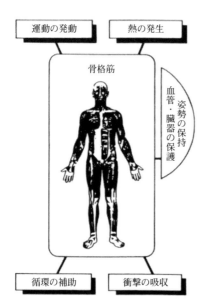

図 2.1　筋肉の「4つの役割」（石井、2000）

分泌器官としての役割を持っていること、認知症予防にも関わっていることも明らかになってきました。

3) 筋肉はタイムマシン

　筋肉の4つの役割を紐解いていくと、「筋肉は老化に抗うことのできる唯一の器官」、このような究極の答えも出てくるようです。すなわち、「筋肉は時の流れや老化の流れをコントロールすることができる」のです。

　私たちの体は、消化器、循環器、呼吸器、生殖器など、いろいろな器官でできています。これらの中で運動を通して直接働きかけることができ、自分の意志と努力で変えられるものが、運動器としての筋肉です。さらに、「4つの役割」に関連した機能の向上は、筋肉以外の器官にも好影響を与えることがわかっています。

　久野譜也氏は著書で、「筋肉は人体に備えられたタイムマシン」と表現しています（久野、2015）。筋肉の4つの役割を強力に向上させれば、体が老いるスピードを減じたり、逆転したりすることができるでしょう。

4) 「うまねち」とは

　1970年代、80年代のオリンピックで活躍し、世界的に有名な器械体操の女子に、ナディア・コマネチという選手がいました。そこで、彼女にちなみ筋肉の4つの役割を「うまねち」という造語で表現してみました。
　　①体を動かすの「う」
　　②体を守るの「ま」
　　③熱を出すの「ね」
　　④血の巡りを助けるの「ち」
　これらを結んで、**「筋肉の4つの役割」=「うまねち」**としました。
　トレーニング指導のとき、一通り理論の説明が終わった後、参加者に「筋肉の4つの役割には、何があったでしょうか？」ということを尋ねています。多くの人は、思い出すまでに時間がかかり、4つ全部を答えることはできませんでした。そこで「うまねち」という言葉を考えたのです。すると、多くの人が、瞬時に筋肉の4つの役割を思い出せるようになりました。忘れにくく、脳の中に筋肉の4つの役割を刻むことができそうです。これを使って、「なぜ、人は

筋トレを行う必要があるのか？」という話を進めます。

2.2 「うまねち」で紐解く筋トレの話

1)「競技力向上」の話

「競技力向上」という物語の中で筋トレは、勝利を手に入れるためになくてはならないものです。それは現在では常識となってきていますが、スポーツの現場では未だに筋トレと動きづくりの運動（筋トレ以外の補強運動・技術練習）の目的が混同されている場面に遭遇します。筋肉を太く、大きく、強くするのに効果的なベンチプレスやスクワットなどの種目は、足の位置や体を固定して行うため、走る・跳ぶ・投げるといった動作とはその動きが異なります。しかし、その理由や意味が理解されていないようです。

　また、ベンチプレスやスクワットなどで、ケガや故障をしたりすることもあります。これは正しいフォームで行っていないことが原因なのですが、しかしこういった経験のため、それらの筋トレ種目をやめて、筋肉づくりの目的にも動きづくりの種目を選んでしまったりしています。

　スポーツ競技では、以下の2つを意識して筋トレを取り入れなければなりません。

　　　①ケガや故障などの傷害の予防（安全）

　　　②競技力向上（効果）

「安全第一・効果第二」です。筋トレの実践では、まず「安全」が最優先事項で、それをふまえたうえでの最重要課題として「効果」があります。効果を重視するあまり、筋トレに打ち込むほどに傷害を抱えてしまうケースもあります。そこで、生理学に基づく筋トレの基本理論から3つの柱として、

　　　(a)「うまねち」とスポーツ

　　　(b) 筋肉はエンジン

　　　(c) パワー＝力×速度

が考えられます。これはそのまま優先順になっています。

(a)「うまねち」とスポーツ

　多くのスポーツ競技おいて、筋肉の4つの役割「うまねち」のレベルが高いほど有利です。「うまねち」の本質は筋肉の量にあるので、それを引き上げる

筋肉量と競技力

　プロ野球では毎年、ゴールデングラブ賞が発表されます。2017 年のパ・リーグの
キャッチャー部門では、ソフトバンクホークスの甲斐拓也選手が選ばれました。甲斐
選手は 2010 年に育成選手として入団し、それ以来私が筋トレを指導した最初の選手
の 1 人です。育成選手でゴールデングラブ賞を獲得したのは、長いプロ野球の歴史の
中では甲斐選手が初めてです。同期には、柳田悠岐選手や育成選手で入団した千賀滉
大選手がいます。2017 年に活躍した石川柊太選手も育成選手でした。このような選
手は、総じて「うまねち」がとても高いレベルにあります。彼らは、努力を重ねてき
たことで、プロとして土台となる筋肉量を持っており、それが現在の活躍につながっ
ていると思います。

ためには、筋肉量を増やすことに最も効果がある筋トレ種目を行うことが基本
です。「うまねち」を強力に引き上げると、そのスポーツ特有の動きに関係な
く競技力が向上します。

　また前述のように、内臓・関節・骨を守り、ケガの予防にもなり、体（筋肉）
から熱を出して新陳代謝を高め、血の巡りを助けて栄養を全身に運び続けるこ
とで、疲労回復をも促進します。

　すなわち、「うまねち」を強力に引き上げる筋トレは、体づくりの土台とな
るのです。

(b)　筋肉はエンジン

　体を車に喩えると、筋肉は動きを生み出すエンジン（原動機）に当たります。
「うまねち」の中の「体を動かす」という役割を担います。筋肉のエンジンと
しての基本性能はパワー、馬力で表されます。そして筋トレで筋肉を太く、大
きく、強くするのは、エンジンを改造してその基本性能を上げることです。た
とえば、100 馬力のエンジンを 150 馬力にすることです。

　しかし、スポーツの現場では厄介な問題に遭遇することがあります。筋肉の
基本性能を引き上げ、ベンチプレスやスクワットなどの記録を伸ばし、筋肥
大・筋力増強を達成したにもかからず、スポーツでの動きがよくならず、パフ
ォーマンスの向上につながらない場合があるのです。場合によっては、逆に動
きが悪くなってしまい、かえってパフォーマンスが低下してしまうケースさえ
あります。

　このような経験をしたスポーツ選手が、筋トレをやめてしまうケースを多々

見てきました。今でも、筋トレを行ったことによるパフォーマンスの低下を真剣に訴える選手を前にして、大変難しい対応を迫られる場合があります。指導者に必要なのは、生理学に基づいた筋トレの基本理論を繰り返し説明して、選手にしっかりと理解してもらうことです。

「筋肉はエンジン」という理論の中には、スポーツにおける筋肉の位置づけと果たすべき役割を明確に説明する意味が込められています。人体と車を比較すると、図2.2のように大まかに4つに分けて考えることができます。

ここから、とても重要なことがわかります。筋トレは、エンジンにあたる筋肉の基本性能を向上することはできますが、それ以外の2～4の向上はほとんどできないということです。

筋肉を付けて体は大きくなったのに動きが変わらないのは、普通の乗用車にレーシングカーのエンジンを取り付けたのと同じことなのです。エンジンそのものは時速300 kmで走る能力を持っているにもかかわらず、他の部品がその馬力に耐えて使いこなすことができなければ、せいぜい普通のスピードで走るのが精一杯です。時速300 kmのスピードを出そうとアクセルを踏み続けると、車自体が壊れてしまうのです。そうならないためには、エンジンの性能に見合うよう、燃料系・気化器、駆動力伝達系を改良し、また車を運転するドライバーもレーサーに替える必要があります。

心臓・肺・血管・消化器官・代謝系など（燃料系＋気化器にあたる）の改良には、心肺機能を引き上げる走り込みなどの補強運動を行います。栄養バランスのよい食事を摂って、消化や代謝をよくすることも必要です。

	車	人体
1	エンジン	筋肉
2	燃料系＋気化器	心臓・肺・血管・消化器官・代謝系
3	駆動力伝達系	骨・関節・腱
4	ドライバー（制御系）	脳・神経

図 2.2　人体と車の対応（石井、1999）

骨・関節・腱（駆動力伝達系に当たる）は、それらを強化するとともに、それらの柔軟性を上げるストレッチも行います。それらの部位にできるだけ負担をかけないよう、うまく使うための柔軟性も求められるためです。

そして、脳・神経系（ドライバーに当たる）を改良するためには、いろいろな動きづくりのためのコンディショニング・補強運動が必要です。反動動作を使ったSSC（伸張–短縮サイクル）、体幹やインナーマッスルのトレーニング、SAQ（スピード・アジリティ・クイックネス）トレーニング、コーディネーショントレーニングなどなどいろいろなものがあり、そして最も重要なのが専門競技の技術練習です。

これら4つのピースをバランスよく、うまく組み合わせることで初めて、スポーツパフォーマンスの向上につなげることができます。

「筋肉はエンジン」に含まれる意味を、よく理解しましょう。

(c) パワー＝力×速度

エンジンの基本性能は馬力（パワー、仕事率）で、筋肉の基本性能もやはりパワーです。力学的には「パワーとは、1秒間に外に向かって発揮できる運動エネルギーの大きさ」です。競い合う2人の選手が同じ技術力であれば、運動エネルギーが大きい方が、速く走り、高く跳び、ボールを遠くまで投げることができます。これが、運動でパワーが重要な理由です。

そして、「パワー＝力×速度」という関係があります。筋力は筋肉の太さに比例し、速度の絶対値は骨（筋肉）の長さに依存します。背が高い人に比べると、背が低い人は骨が短く、この点で不利です。したがってパワーが欲しい場合には、筋力を上げなければなりません。すなわち、「筋肉を太く大きくすること」がパワーを高めるためにも重要なのです。

また、「力＝質量×加速度」という関係があります。力と加速度は互いに比例する、つまり筋力がアップすれば、速度（スピード）もアップするということです。極論すれば「筋力は速度そのものを生み出す」といえます。

東京大学石井研究室出身で近畿大学の谷本道哉氏は、エンジンとしての筋肉の意味を科学的に紐解きながら、「太いほど強く、強いほど速い」と述べています（谷本、2007）。これは筋トレを行う上での本質を突いており、また強烈なインパクトがある言葉です。

また、石井（1999）は、女子と男子を比較した力–速度関係（凹型）と力–

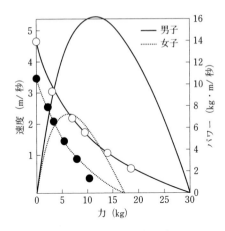

図2.3　力 - 速度関係（凹型）と力 - パワー
　　関係（凸型）の曲線（石井、1999）

パワー関係（凸型）のグラフを紹介しています（図2.3）。これは一定の重さを持ち上げるような課題を行った場合の、筋肉の発揮する力（横軸）と、筋肉の短縮速度（左軸）およびパワー（右軸）の関係を示したものです。

　このグラフから、力 - 速度関係（下に凸のカーブ）にみられる差に比べて、力 - パワー関係（上に凸のカーブ）に見られる差がはるかに大きいことがわかります。すなわち筋力がアップすれば、パワーはそれ以上

にアップするのです。この図は男女を比較したものなので、骨の長さも異なっているということもあり、筋力が2倍になるとパワーは2.5倍になっています。同じ人で筋力を2倍にした場合には速度（骨の長さ）が同じなので、その効果はこれよりは落ちます。しかし、それでも筋トレを行うと、筋力がアップする以上に、パワーに対してより大きな効果が出ます。

(d) 基本に忠実に、地道に努力を続ける

　トレーニングの現場には、玉石混淆な情報とさまざまな感情が揺れ動いています。しかし、惑わされることなく王道の筋トレを行いましょう。それには筋肉の限りない可能性を引き出してくれる力があります。王道の筋トレは決して特別なものではなく、あくまでも「基本」に忠実で地道なものです。筋トレに魔法はありませんが、魔法のような効果を引き出す力があります。

2) 「ひきしめ」の話

　メタボや肥満、生活習慣病の予防・改善のために、余分な体脂肪を落として「ひきしめ」が必要な人がいます。女性には、シェイプアップのため「お腹まわりをひきしめたい」と思う人が多いようです。

(a) 「ひきしめ」は簡単！

　「ひきしめ」に必要なのは、「体の消費エネルギーが摂取エネルギーを上回る

──────── **筋トレの王道の楽しさ** ────────

筆者は現在プロ野球球団ソフトバンクホークスのトレーニングアドバイザーとして、全選手の筋トレの指導を任されて 10 年目になります（2020 年 4 月現在）。一軍で活躍をしているなかには、身長 175 cm、体重 65 kg 以下の選手、同じ身長で体重 90 kg を超える選手など、さまざまな体型の選手がいます。

もし今の体型で、置かれている現状をそれほど変えることができない選手の場合には、筋トレに打ち込み、筋肉量を増やしてみるだけの価値は十二分にあるでしょう。そのような若手選手には「筋肉を増やせば、人生が変わるよ」といったような話をしています。それによって、心を揺さぶることができれば、爆発的な情熱を引き出すことができます。筆者が指導したホークスの選手の中には、現実にそのサクセスストーリーの主人公になった人もいます。

プロ野球選手は、人生をかけて必死の覚悟で練習や試合に臨んでいます。筋トレの指導で本物の効果を導くには、それとまったく同じ心境になり、必死の気持ちで人生を賭する覚悟がなければなりません。指導者として、選手の心理状態を真正面から受け止め、最大限のサポートをすることが必要です。そのためには、真剣にトレーニング科学を勉強し、身をもって筋トレの実践も積み上げていきます。そしてホークスの一軍で活躍している選手には、自分の持っている技術や経験をすべて差し出しています。そうでなければ、選手に申し訳ないのです。だからこそ、ホークスの指導を最高に楽しむことができています。ある意味、筋トレの楽しさの極致かもしれません。

ところで、世の中には、筋トレを行うとすぐ筋肉が付いてしまうと思っている人がいます。私の経験からいえば、それは初期の段階での話です。本当に他を圧倒する筋肉を付けるのは大変難しいことです。

近年、メジャーリーグでは巨大な筋肉を持った選手が少なくなり、それに伴いホームランの新記録がほとんど出なくなっています。かつてのスーパースターが鎧のような巨大な筋肉を身に付け、ホームランを増産したのはなぜか？　筋肉量がスピードの源であり、それを彼らが知っていたからです。しかし、それはそのために禁止薬物である筋肉増強剤（アナボリック・ステロイド）を使ったくらい大変なことなのです。

ようにする」ことです。非常にシンプルではありますが、数日間でひきしまった体が手に入るわけではありません。そして、「痩せるのは難しい！」「運動が苦しくて、キツイ！」「食事を我慢できない！」「何か楽に脂肪を落とす方法はないか？」といったことになってしまいます。

筋トレを主な運動とするボディビルダーは、「絞り切った体に、いかに筋肉を多く残すか」を目標とし、大会に出場するために毎回「ひきしめ」を行い、ほぼ 100% 成功します。男性ボディビルダーのほとんどは、体脂肪率が 10%

1992年当時の筆者
（38歳）

以下です。どんなに多くとも、15%以上で大会に出場している人はほとんどいません。メタボや生活習慣病とは無縁です。

「ひきしめ」がいつも成功するのは、その方法を理解し、その道筋がはっきりと見えているからです。彼らは、数日間で楽をして「ひきしめ」の効果を手に入れる方法はないことを知っています。同時に数ヵ月間の努力で、確実に手に入ることも理解しているのです。

「ひきしめ」の効果を出すには、どうしてもこのくらいの期間が必要になるので、それを「楽しみ」にできるかがポイントとなります。そのために、次の「ひきしめ」の3つのルールをみてみましょう。

(b)　「ひきしめ」の3つのルール

健康的に痩せるには、3つのルールがあるといわれています。

①脂肪が燃えやすい体を作る（筋トレ）

②生活の中で体を動かす（有酸素運動）

③食事の調整をする（正しい食事）

まず、①脂肪が燃えやすい体を作る、は筋トレで筋肉を付けることです。筋肉を増やすことができれば、「うまねち」の

- 体を楽に動かすことができ、脂肪燃焼を助けてくれる
- 骨、関節や靱帯などを守ってくれるので、安心して体を動かせる
- 体から熱を出し基礎代謝が上がるので、黙っていても身体が勝手に脂肪を燃やしてくれる
- 血液の流れを助けることで、体に溜まっている疲労物質を速やかに取り去り回復を速められる

から脂肪が燃えやすい体が手に入ります。すると、②生活の中で自然に体が動き、それほど無理することなく脂肪を燃やすことができます。最後に③食事の調整をします。栄養バランスのとれた正しい食事を摂って、カロリーの調整を行います。

具体的な実践例をみていきましょう。まずは、筋トレを行うことで筋肉を増やして基礎代謝を上げ、脂肪が落ちやすい身体をつくります。基礎代謝は特別な運動をしなくても生きていくために必要な代謝です。それは全体のエネルギ

ー消費量の 60% 以上を占めており、その約 40% は筋肉が出す熱によって使われます。筋肉が 1 kg 増えると、1 日の基礎代謝は平均で約 50 kcal アップするという研究もあります。週に 2 回、各 10 分ほどの筋トレで、半年から 1 年かけて、"4 kg の筋肉増量" が可能です。4 kg × 50 kcal で、200 kcal / 日、基礎代謝を引き上げることができます。

　次に、活動的な生活をすることで 200 kcal / 日を消費します。有酸素運動のウォーキング・ジョギング・水泳・自転車などで OK です。

　そして、食事で摂るカロリーを、200 kcal / 日減らしてみましょう。

　これらの 3 つを合計すると −600 kcal / 日です。体脂肪は 1 g 当たり 7 kcal のエネルギーを持つので、600 ÷ 7 ≒ 86 g / 日、86 g × 365（日）= 31390 g / 年となり、脂肪量としては 30 kg 以上という計算になります。

　上述の②の活動的な生活と、③の食事の調整を毎日行うのは、現実的には不可能に近いと思います。しかし、基礎代謝は筋肉さえあれば、変わることなく毎日行われます。4 kg の筋肉を増やすことで、200 ÷ 7 ≒ 29 g、29 g × 365 日 = 10585 g / 年となり、①の脂肪が燃えやすい体を作るだけでも約 10 kg/ 年の体脂肪を落とすことができるのです。

　筆者が運動経験のない 60 歳代の女性の方々を指導したときには、週に 1 回 40 分のストレッチや有酸素運動を含めての運動で、半年で 2 kg、1 年で 4 kg の筋肉を増やすことに成功しました。筋トレは 2 〜 3 kg のダンベルを使った、安全に簡単にできるスロートレーニング（ストロレ）を 15 分程度でした。

(c)　ジョギングと筋トレを組み合わせる

　スロトレなどの筋トレを行うと、アドレナリンと成長ホルモンが分泌されます。これらは、体脂肪の分解スピードを上げて、血液中の遊離脂肪酸を増加させます。

　脂肪を落とすしくみには、分解と燃焼の 2 つがあります。まず体脂肪が遊離脂肪酸とグリセロールに分解されて、血液中に出てきます。そして、それらをエネルギーとして使うことで、脂肪を燃焼することができます。

　筋トレを行った後、最長で 5 〜 6 時間も脂肪分解作用が続くことが研究で証明されています。この間に、実際に脂肪を燃焼させるジョギングやウォーキングなどの有酸素運動を行うと、さらにひきしめ効果を引き上げられます。したがって、「筋トレを行った後に、ジョギングなどの有酸素運動を行う」という

順序が重要です。

(d) 脂肪を燃やす有酸素運動は？

　私たちは糖質と脂質をエネルギー源として活動し運動を行っています。運動強度の高い筋トレの場合、エネルギー源はほぼ100%糖質で、ほとんど脂肪は使われません。運動して脂肪（脂質）を燃やすには、有酸素運動を行う必要があります。

　速足のウォーキングでは、エネルギー源として糖質と脂質を半々で使っています。ジョギングやランニングでは糖質が脂質を上回ってきます。心臓がバクバクするほどにきつく走り込むと、無酸素性のエネルギー代謝が加わって、糖質を消費する割合が高くなります。

　体脂肪が燃える目安に脈拍があります。心拍数が110〜120だと、効率的に脂肪を落とすことができます。これは速足かゆっくりとした軽いジョギングなどのときの心拍数です。

　筆者も若い頃はこのような知識がなく、ボディビルダーとして大会に出場するとき、走り込んでいる時期がありました。ハァハァ喘ぎながらランニングをしていましたので、心拍数も120を超えていたでしょう。ある程度体脂肪を落とすことはできましたが、同時にせっかく蓄えた筋肉を犠牲にしていたと考えられます。

　エネルギー源として糖質を使う筋トレを行って、その後も引き続き糖質を使うランニングを行えば、筋肉中の糖質が枯渇します。すると、筋肉を分解し、それを不足したエネルギーに充てることで走ることになるので、筋トレにはかなり悪影響が出ます。実際、スクワットやベンチプレスなどの高重量を扱う種目の使用重量が、軒並み落ちてしまったのです。最新の研究では、筋肉中のグリコーゲンが減ると、筋肉内のたんぱく質合成にブレーキがかかってしまうことも示されています。

　このようなことを知ってからは、ランニングをゆっくりとした軽いジョギングに変えたため、体脂肪をスムーズに落とすことができるようになりました。結果として、体重を10 kgほど落としても、スクワットやベンチプレスの記録がそれほど落ちることがなくなりました。筋肉量を犠牲にすることなく、体脂肪を燃やすことに成功したことになります。

　また、ボディビルダーは筋肉量が多く基礎代謝が高いので、糖質のとり方こ

そが、筋肉量を残して体脂肪を落とす本質的なコツになってきます。私の場合には、減量中でも糖質（白米）はそれほど減らすことなく摂っていました。その分油ものや油を使った料理（脂質）は控えるようにし、蒸す・焼く・煮るといったような油を使わない調理をしていました。

　脂肪燃焼を促進する速足のウォーキングは、健康づくりを目的としている一般の人にもお勧めです。

3）「健康長寿」の話

　筋肉量は 40 歳代から急激に減少することが知られています。脚筋力については、80 歳代では 20 歳代の半分になってしまいます。筋肉量の減少は寝たきりの一因となります。その予防・改善の切り札は筋トレなのです。

　筋トレの基本理論では、一般成人の場合、効果を上げる筋トレの標準的な方法は 8 ～ 10 RM（最大反復回数）で行うこととされています。これにより、筋トレの各種目で高重量に挑戦しながら、筋肉量・筋力をアップしていくことができます。

　しかし、筋肉量が少なく筋力が低い高齢者や子どもたち、また体力が落ちている人には、このような運動は無理な場合があります。近年、これに代えて推奨されるものの一つが、週に 2 ～ 3 回、各 10 ～ 15 分、自分の体重や 1 ～ 4 kg ほどの軽ダンベルを用いて行うスロトレです。しかし、このスロトレでも、安全に効果を最大限に上げるためには、「体の仕組みを知り、個々人の体に合わせて行う」ことが大切です。

　これは、(a)メタボ予防、(b)ロコモ予防、(c)認知症予防、としても大変有効です。一つずつ見ていきましょう。

年齢や体力に応じたトレーニングを行う

─────── スロートレーニング（スロトレ） ───────

　高齢者の筋トレは、いろいろな意味でリスクがあります。10 RM 強度で行うような筋トレでは、体全体、特に関節や骨に強いストレスがかかり、血圧も急激に上昇します。高齢者の運動としては注意が必要です。

　一方、高齢者、子ども、低体力者のために、大きな負荷を使わずに、筋肉を太く、強くするという課題に応えるものがあります。スロートレーニング（スロトレ）、加圧トレーニング、低強度アイソメトリックトレーニングなどです。

　ここでは、そのうちスロトレについて説明します。スロトレは、学術的正式名称を「筋発揮張力維持スロー法」（LST）と言います。考案者の谷本と石井の発想の源は、血流を制限して行う加圧トレーニングにあります。

　加圧トレーニングでは、1 RM の 20％の強度でも、筋肥大・筋力増加が起きるのです。それは、①筋肉の血流制限、②筋肉内低酸素化での急激な筋疲労、③成長因子の発現変化、④筋肥大が順次起こる（Ishii *et al.,* 2012）からと考えられています。ただし、腕と脚の付け根に細いベルトを巻いて、血管に圧迫をかけるという危険を伴うため、実施するには資格が必要です。加圧指導者になるには、講習と資格試験にパスしなければなりません。

　一方、自然の状態でもスロトレでは 1 RM の 30 ～ 40％の力を発揮すると、筋内圧の上昇によって筋血流の抑制が起きます。その結果、筋肉を増やすことができます。これが、スロトレ（LST）の原理です。スロトレの特徴は以下の通りです。

　　1）スローな動きなので、関節などにやさしく、正しいフォームで行える
　　2）筋肉が自分の力で、自らの筋血流を制限する
　　3）局所的な加圧ではないので誰でも安全に行える

　筆者が本格的に、健康づくりのためのトレーニング指導を行うようになったのは、1991（平成3）年です。この 30 年近くの間、高齢者や子どもの指導に当たって、「安全に対する配慮」を最優先事項として挙げてきました。そして、その上で「最高の効果を上げるにはどうすればよいか？」が最大のテーマとなりました。

　2006 年に世に出たスロトレは、これに対する一つの答えです。これは、誰でも、どこでも・いつでも・いつまでも、また安全・短時間・簡単に効果を上げることができる素晴らしいトレーニング法です。スロトレは、高齢者がいつまでも健やかで人生を楽しむための切り札といえるでしょう。

（a）　メタボ予防

　メタボ（メタボリックシンドローム：内臓脂肪症候群）とは、内臓に脂肪が溜まることに加えて、高血糖、高血圧、脂質異常のうち、いずれか2つ以上を併せ持った状態のことです。内臓に脂肪が溜ってくると、動脈硬化につながり、心疾患（心臓病）や脳血管疾患（脳卒中）などの命に関わる病気につながる恐

れがあります。

　人は筋肉で体を動かし、熱を発生させ、糖質や脂質を消費しています。筋肉が小さくなると、エネルギー消費が減り、脂肪が増え、糖尿病や脂質異常につながってきます。メタボ予防と筋トレも、前述の「うまねち」でつながっているのです。

　筋肉の中には、"サルコリピン"というたんぱく質がありますが、このサルコリピンの遺伝子を壊したネズミは、通常のネズミより高脂肪食で肥満します。また糖尿病にもなります。サルコリピンは、筋肉に熱を作らせ、脂肪を燃焼しやすくする働きがあるのです。筋肉が少ないと、サルコリピンも少ないです。

　また、筋肉は内分泌器官としてもはたらき、「マイオカイン」と総称されるホルモン様の物質を分泌することが明らかになりつつあります。最初に報告されたマイオカインはインターロイキン-6（IL-6）というサイトカインで、以下のような作用をもつと考えられています。

　　①脳における抗酸化作用・神経細胞の保護

　　②脂肪細胞にはたらき脂肪分解を促す

　　③肝臓にはたらきグリコーゲン分解を促す

　　④動脈壁における抗炎症作用（動脈硬化の予防）

　最近、新たに発見された"マイオカイン"に、"イリシン"があります。イリシンは運動によって筋肉から分泌されて、「白色脂肪」を「褐色化」して、「ベージュ脂肪」に変えます。このベージュ脂肪細胞は、脂肪のエネルギーを用いて熱を発生する脂肪なので、「減りやすい脂肪」といえるでしょう。

　また筋トレを行うと、短期効果として、感覚神経を通して脳に刺激が伝わり、アドレナリン、ノルアドレナリン、成長ホルモンなどが分泌され、脂肪分解が促進されます。

(b)　ロコモ予防

　ロコモ（ロコモティブシンドローム：運動器症候群）は、筋肉、骨、関節などの運動器の衰えや障害によって、立ったり、歩いたりすることが難しくなって、要介護のリスクが高い状態をいいます。

　ロコモになる要因は、①足腰の筋力の低下、②バランス能力の低下、③骨や関節の病気、などです。①②は加齢に伴って誰にでも起こりますが、自分自身で予防・改善ができます。③の骨や関節の病気には、変形性膝関節症、変形性

腰椎症、リウマチなどがあり、病院での対応が必要です。

　加齢に伴う筋肉量の減少と筋力低下を、「サルコペニア」といいます。普通に歳を重ねていくと、筋肉量・筋力が次第に減ってきて、やがてサルコペニアに至ります。平均的には、20歳を過ぎると体脂肪が増え始めますが、筋肉は30歳を過ぎると減り始め、45歳頃から目立って減ってきます。

　ロコモの要因として挙げた足腰は、最も老化の影響を受けやすい部位です。足腰の筋肉は20歳の頃に比べて、80歳になる頃には半分に減ってきます。筋肉が減ってくると、活動量が減少し、さらなる筋肉の減少につながるという「負のスパイラル」に陥り、転倒・寝たきりの危険性が高まります。高齢者の筋肉量の減少による筋力低下には、個人差があり、年齢よりもかなり老けてみえる人、若々しい人がいます。長年筋トレを続けている人は、概ねとても若々しいです。健康長寿のためにも、筋トレが有効なのです。

(c)　認知症予防

　「運動が認知症予防効果をもつ」ことは、多くの疫学的研究が示しています。特によく知られている研究は、Buchman らの研究（2012）でしょう。彼らは、

高齢者の足腰が若返る

　1998 年から埼玉県三郷市（人口 13 万人弱）では、「シルバー元気塾」という、65歳以上の高齢者を対象とした筋力トレーニング教室を開催しています。期間は 1 年間で、毎月 2 回、公民館や体育館などに集まって、誰でも気軽に、簡単にできる運動を行っています。

　ここで、参加者の筋力を測定すると、足腰の筋力年齢が 1 年間で「平均 6 歳」も若返っていました。さらに、年間の医療費を調査したところ、参加した後の 1 年間で、「1 人当たり約 5 万円」も減少していたということです。筆者が視察に行った 2002 年と 2010 年には、1500 名（2002 年）から 3000 名（2010 年）の方々が、筋トレを含めた健康づくり体操を楽しんでいました。

- 参加者の心が透けてみえるような笑顔や笑い声
- スタッフのユーモア溢れる最高の笑顔を添えた楽しさ溢れる指導
- 市長の強力なリーダーシップと笑顔の対応
- 教育長をはじめ、関係職員の心の籠ったおもてなしの対応と三郷市への誇り

　これらが、今でも筆者の目にしっかりと焼き付いています。このように、65 歳を過ぎても、筋肉はトレーニングによってよみがえらせることができるのです。筋トレはこれからの少子高齢社会の日本を支える、「光り輝く希望」ではないかと思えます。

平均年齢82歳の健常高齢者716名を対象に、3年間にわたって活動量計による日常活動量とアルツハイマー型認知症の発症率の関係を調べ、低活動群では高活動群に比べて発症率が2.8倍も高かったと報告しています。また、Larsonら（2006）は、65歳以上の高齢者1740名を6年間追跡調査し、1日15分以上のウォーキングを週3日以上行うことで、全認知症の発症率が約0.6倍になると報告しています。

なぜ運動にこのような効果があるかは完全に解明されているわけではありませんが、マウスやラットを用いた多くの動物実験が、運動（ランニング）が脳の海馬の神経細胞の増殖を促し、迷路学習を効率化することを示しています。脳の海馬は短期記憶の中枢ですので、認知症にも、子どもの学習にも深く関連していると考えられます。

動物実験では、運動は脳由来神経栄養因子（BDNF）の発現を増大します。運動することで肝臓や筋肉から分泌されるインスリン様成長因子（IGF-1）は、筋肉を太くし、骨を丈夫にしますが、同時に脳におけるBDNFの増加にも関与することが示唆されています。

また、運動によって筋肉から分泌されるマイオカインの一つである"イリシン"は、海馬でのBDNF生成を促す可能性があります。したがって、運動によって、筋肉から認知症を予防する物質が分泌される可能性もありますが、それが検証されるのはまだ先のことでしょう。

アリストテレスは「歩くことで困難な問題の多くは解決する」と言ったそうですが、実は筋肉にその秘密があったのかもしれません。

(d) 健康寿命と筋肉

私たちが健康な状態で生きていく指標として、「健康寿命」があります。健康寿命とは、寝たきりや認知症などで、介護が必要な状態になることなく、自立して、健康で生活できる期間のことです。

「健康寿命」＝「平均寿命」−「介護などが必要な期間」

日本では、男女の平均寿命はそれぞれ80歳と86歳をすでに超えていますが、健康寿命は男性で71歳、女性で74歳です。私たちは、「人生の最後の1割以上を、誰かの力に支えられなければ生きていけない」のです。「寝たきりにならず、人生をいかに楽しむか？」「介護が必要な期間をできるだけ短くする」という課題の解決は、今後日本の社会の最も重要なテーマでもあります。その

解決策の一つが、スロトレなどを利用した筋肉づくりです。

　スロトレでは、乳酸だけでなく、アデノシンや一酸化窒素などの物質もつくられます。筋肉には、これらの化学物質を感知する受容体があり、その信号が脳に、また脳から脳下垂体へ送られ、さまざまなホルモンが分泌されます。筋肉量が少なくなれば、当然これらの恩恵も少なくなります。

　体を動かさず、「神様、どうか、体から若返りのホルモンを出してください」と心からお願いしても、それは不可能です。ところが、10〜15分ほどの簡単なスロトレを行うことで、若返りの効果が期待されるホルモンを出すことができます。これは、本当にすごいことです。

　そして、健康寿命を考えた日々の筋肉づくりへの投資には、それを遥かに超える強力な効能があります。それは楽しさです。はじめはきつさや苦しさを感じることもあるかもしれません。しかし、同時に集中して取り組む楽しさも出てきます。夢中になればなるほどその楽しさは増してきます。筋トレを行った後は気分爽快で、食事はとても美味しいです。ただし、食べ過ぎは要注意。その夜は快眠が待っています。さらに、ストレス発散・解消にもなり、自然に前向きな気持ちになれるのです。楽しさは継続と効果につながります。

　いつまでも健康で過ごすためには、できるだけ早目に準備をしたいものです。なるべく若いうちに、筋肉量を増やして“貯筋”しておくことを勧めます。

　筆者自身、現在65歳になり、体力の衰えも感じていますし、現役のボディビルダーのときと比べれば、筋肉量がかなり減ってきました。しかし、科学的に正しい運動の知識を身に付け実践することで、老化に対する不安は安心に、

2017年2月
ホークス春季キャンプにて

そして楽しみに変わっています。自分の体に合った最適なフォームで、筋トレを続けていきたいと思います。筆者にとっても、筋肉づくりは、人生を豊かに彩り、楽しく過ごすために、なくてはならないものです。

　楽しく正しい筋肉づくりは体づくりであり、体づくりは人間づくり。人間づくりは幸せづくり、幸せづくりは、楽しく、正しい筋肉づくりから始まります。

　「うまねち」に続いて、もう一つ新しい言葉を

作りました。

　楽しく正しい筋肉づくりの「た」。体づくりの「か」。人間づくりの「に」。幸せづくりの「し」。

　これらをつないで「たかにし」としました。筆者の名字です。おこがましいことではありますが、脳の中から「たかにし」を引き出していただけるとしたら、この上ない幸せです。

4)　「子どもの能力をとことん伸ばす」話

　近年、生活環境の変化などもあり、子どもの体力が低下しています。子どもの筋トレを勧める背景には、このことがあります。

　子どもの筋トレは、子どもの成長・発育を促進し、「子どもの能力をとことん伸ばす」ことが目的です。子どもが成長していくときの体や脳の変化、成長段階においての筋トレの進め方とポイント、成長・発育を阻害しないために、注意しておかなければならないことなどをみていきます。

(a)　現在の子どもたちの環境

　筆者は 1988（平成元）年 3 月長崎県長崎市江戸町で、筋トレ専門のマルヤジムを開設しました。目的を、①ひきしめ、②老化予防・若返り、③競技力向上、④健康管理、⑤子どもたちの成長・発育促進、⑥病後の体力回復、このように大きく分けて対応してきました。

　開設以来、小・中・高校生のための筋トレの指導も行ってきましたが、この 30 年の間に子どもたちの体力低下、特に筋力の低下が進んでいると感じます。2000 年頃には、高校生はジムを開設した頃の中学生くらいに、中学生は小学生くらいの体力に低下したのではないかと感じました。1988 年頃では高校生たちはスクワットのとき、体幹の固定が当たり前のようにできていました。しかし 2000 年頃には、20 kg のシャフトを担いでフラフラしている学生もいました。

　1990 年代に、「競技力向上のための筋トレ」をテーマとした長崎県競技力向上対策本部の仕事で、壱岐・対馬や五島列島などへも指導に出向くことがありました。しかし、そこで少子高齢化の現実を目の当たりにし、離島では「高齢者のための筋トレ」の必要性を痛感しました。同時に感じたのは、離島の子どもたちの体力が、マルヤジムに通っている子どもたちより劣っているのではな

いかということです。「離島の子どもたちは、強靱で逞しい体を持っている」という私の考えが崩れることになりました。

　離島での生活環境は一昔前とはガラッと変わっていて、豊かで便利な社会環境になっています。小学生のときから通学時に、毎日のように車での送り迎えをすれば、子どもたちの体力低下もドンドン進んでいきます。スマホやゲームの普及も一因でしょう。日本全国に目を向けても同様な変化が起き、それに伴って子どもたちの体力レベルも低下していることははっきりとわかります。

　現在の環境の中で育つ子どもたちにとって、筋トレは「してはいけないこと」ではなく、「しなければいけないこと」になっています。ここでも推奨できるのが、スロトレです。スロトレは、高齢者や低体力者の筋力強化やリハビリテーションを念頭に置いたものですので、子どもたちにも安全に無理なく行えるのです。

(b)　子どもの筋肉の成長

　筋肉の成長については、子どもは、①乳幼児、②幼児、③小学生、④中学生、の4段階に分けて説明します。

①乳幼児

　受精卵が分裂・増殖していく過程で、筋肉のもとが腕や足など、それぞれの場所に移動し筋肉をつくります。生まれた段階ではほぼ大人と同じ数の細胞がつくられています。

②幼児

　筋肉の細胞が太くなることで、体がみるみる大きくなっていきます。しかし、筋肉には速筋線維と遅筋線維という特性は現れず、すべてを遅筋線維として使います（速筋線維、遅筋線維については p. 44、2.3 節 4) を参照）。

③小学生

　小学校の中学年くらいになると、ようやく速筋線維を速筋線維として、遅筋線維を遅筋線維として使えるようになります。短距離が得意な子ども、長距離が得意な子どもという特徴が現れてきます。

④中学生

　ほぼ大人と同じような筋肉の使い方ができるようになります。しかし、体が最も成長する時期なので、大人と同じように筋肉を鍛えるのはまだ早いです。

　子どもの成長を見守り、発育を促進する環境を与えるためには、このような
ことを知っておかなければなりません。子どもたちが健やかに成長・発育する
には、体を使った遊びが必要です。

　しかし、現在私たちが住んでいる自宅の周りを見渡すと道路はほとんど舗装
されて、車が走れるようになっています。そこで子どもを遊ばせるには危険で
す。今の社会環境は昔とは異なり、親が環境をつくることが、子どもの健全な
成長・発育のために必要です。そして、親自身が栄養や生活習慣に気を配り、
運動を実践し元気で健康でなければ、子どもに何を言っても効果は期待できま
せん。親が自ら体験し、伝えることが重要でしょう。「子は親を見て育つ」の
です。

(c)　子どもの体と脳

　こうした状況のなか、子どもたちは跳び箱や縄跳びなどで骨折したり、転ん
だだけでケガをするようになってしまっています。

　先日、ソフトバンクホークスの武田翔太選手が、連続ジャンプのトレーニン
グを行っていました。しなやかなゴムのように体を使った動きで、筋肉をブレ
ーキとして使い、着地時の衝撃をうまく吸収することで高く跳び上がっていま
した。着地時、地面にぶつかるような体の動きだとケガをします。小さい頃か
らの野球の練習だけでなく、屋外でよく遊んでいたことで体を上手に使うこと
ができ、それがしなやかな動きにつながっているようです。

　これは脳の中に、ケガや故障を起こさない、ジャンプをするときの正しい体
の動きがプログラミングされているからです。パソコンではキーボードでプロ
グラムを書き込みますが、人間は自分自身の体を使って脳にプログラムを書き
込むことができます。跳び箱や縄跳びなどの運動を繰り返し行うことで、頭の
中の神経細胞がシナプスでつながれます。そうして作られた神経回路によって、
いつでもこのような運動を行うことができるようになります。体を使わずにた
だ考えているだけでは、こうはいきません。脳は出力依存型の組織なのです。

　私たちは無意識に体を使っていますが、すべては生まれてから体を動かすな
かで神経がつながり、身に付いてきたものです。箸を使えるようになることも、
ボールを投げられるようになることも、計算ができるようになることも、すべ
てが神経細胞をつなぐ作業です。

　前述した子どものときの遊びは、脳にいろいろなプログラムを書き込み正し

い体の動きを覚えさせるためにも、とても大切です。子どもは外に出て遊べば遊ぶほど、たくさんの身体の動かし方を脳に書き込むことができます。この中には、転倒してもケガをしない体の使い方につながることもあるのです。

　脳の神経細胞は、生まれたばかりのときが最も多く、年齢を重ねることでどんどん減っていきます。人間には「ゴールデンエイジ」という、脳にたくさんのプログラムを書き込むことができる、最も有効な時期があります。幼児から小学校低学年（7〜8歳頃）の年齢のことです。この時期には、ボールを投げたり、蹴ったり、跳んだり、縄跳びや自転車、鉄棒での逆上がり、マット運動、いろいろなスポーツの動きなども行った方がよいのです。

　この時期はこれらがすべて筋トレにもなります。スクワットや腕立て伏せなどの正しいフォームを覚えることもできますが、自分の体重だけで行うようにします。

　次のような脳科学の実験があります。ネズミを、遊び道具がある環境と、まったくない環境の2つで飼育するのです、すると、遊び道具がある環境で過ごしたネズミの脳の海馬という場所では、記憶に関わる神経細胞の数が15%も多くなり、「増殖能力」も2倍以上になりました。おそらく、ネズミは夢中になって遊びを楽しんでいただけのはずです。体を動かす楽しい遊びは、記憶力の向上にもつながっているようです。

(d)　子ども筋トレのステップアップ

　子どもの筋トレでは、下記の4つの段階に分けて徐々にステップアップしていきます。それぞれに、適切な「目的」と「負荷強度」（錘の重さ）があります。

　　①幼児期から小学校に入学するまで

　　②小学校低学年から中学年（ゴールデンエイジ）

　　③小学校高学年から中学生（成長期）

　　④高校生

　①の時期の目的は、筋肉を鍛えるというより、（立ち上がる・しゃがむ・歩く・走る・ぶら下がる・押す・引く・といった基本動作、ジャンプ・転がるといった応用動作の）正しい筋肉の使い方や関節の使い方を脳にプログラムし、同時にそのための筋肉を付けることです。筋トレ後は、できるだけ屋外で体を使って遊ばせます。負荷は自重です。

　②の時期の目的は、幼児期と同じように正しい筋肉の使い方や関節の使い方

を覚えることです。たくさんの運動プログラムを獲得できるピークの頃なので、幼児期以上に体を使って遊ばせます。スポーツを始めさせる時期としても最適です。この時期も、負荷は自重です。

③の時期の目的は、（速筋線維と遅筋線維の筋肉の機能分化が生じた後になるので）大人と同じような筋トレ効果が少しずつ現れ

子どもたちを指導する

るようになります。取り組んでいるスポーツに必要な筋肉を鍛えはじめてもいいでしょう。しかし、成長期と重なる時期ですから、いきなり大きな負荷をかけないようにします。体重以上の負荷をかける場合は、水を入れたペットボトルやチューブを使います。中学生になったら、軽いバーベルでも OK です。

④の時期では、筋力強化を目的としてトレーニングします。筋トレによって、筋肉が太く、強くなっていくのが自分で確認できるようになります。大人と同じような筋トレの効果が期待できます。大人と同じようにバーベルやマシンを使ったトレーニングを行うことができます。

大切なことは、「子どもが発育のどの段階にあるか」を正しく判断することです。これを誤ると、効果を上げるどころか、悪い影響が出る場合があります。

「子どもの成長には個人差がある」ということも知っておいて下さい。子どもの発育段階を判断するのに難しい時期は、成長期に当たる 10 ～ 12 歳ぐらいです。子どもによっては、8 歳くらいの体だったり、すでに 13 歳くらいだったりします。中学生でも小学生用のトレーニングが、高校生でも中学生用のト

フォームの基本は子どもも大人も同じ

無理のない負荷からはじめる

レーニングが必要な子どももいるのです。

　私たち大人には、子どもの健やかな成長・発育促進をバックアップするという責任があります。子どもたちの可能性を引き出すには、正しい知識を持った大人の力が必要なのです。

(e)　子ども筋トレの注意点

　子ども筋トレの注意点は、何といっても成長・発育を妨げないようにすることです。その上で、子どもの持っている能力を最大限に伸ばしていきます。子どもは「小さな大人」ではありません。親やスポーツの指導者や関係者は、子どもの体についての正しい知識を持ち、幼児・小学生・中学生・高校生の各時期に、どのようなトレーニングをするべきかという基準を知らなければなりません。

　筋トレも、健全な成長を促す種目を選び、正しいフォームを覚えることを最優先します。本格的な筋トレに入るのは、高校生になり、成長期が終わっていることを確認してからにします。

　竹が、筍（たけのこ）から成長するときには柔らかい状態で伸びていきます。それから硬い丈夫な竹になります。その途中で竹に傷を付けると、まっすぐな長い竹に成長することはできません。人間の体も同じように、成長するときに骨や関節を傷つけてしまうと成長・発育が阻害されます。

　以前、見た子どものレントゲン写真や生写真の中に、小学生で骨や関節が変形してしまった子どもたちのものがありました。これには、大変なショックを受けました。間違った技術練習やトレーニングによって、子どもの輝かしい未来をなくすことにならないよう注意が必要です。

(f)　子ども筋トレの効用

　筋トレを行うことによって、健康的に成長・発育することができます。そして、その先には、子どもの限りない"将来の可能性"があります。筋トレは、子どもたちの将来の可能性を生み出す源だと思います。子どもたちには、自分

で作り上げた筋肉という高性能のタイムマシンに乗って、輝かしい未来へ行ってもらいたいと思います。

2.3 筋肥大のメカニズム

1) たんぱく質代謝系と筋再生系

　筋トレによって筋肉が太くなるプロセスには、「たんぱく質代謝系」と「筋再生系」という2つのしくみがはたらいています。前者は筋線維の中で、細胞を構成するたんぱく質が合成されたり分解されたりする反応系、後者は傷ついた筋線維を修復したり、新しい筋線維を生み出したりするしくみです。

　筋トレによる筋肥大は、主に個々の筋線維が太くなることで起こります。速筋線維と遅筋線維で比べると、速筋線維の方が3倍ほど肥大するスピードが速いことなどから、特に速筋線維を太くすることが重要と考えられます。筋再生系によって筋線維の数が若干増える可能性もありますが、それを検証可能な研究手法はまだありませんので、ここでは個々の筋線維の肥大について考えていきましょう。

　筋線維の中では、絶えずたんぱく質の合成と分解が起こっています。普通に生活していると、1日のトータルとしての合成量と分解量がほぼ同じになるため、筋肉のサイズは変わりません。これを「動的平衡状態」といいます。

　一方、筋トレを行うと、たんぱく質合成速度が上昇して分解速度を大きく上回るようになります。たんぱく質合成の上昇は筋トレ後3〜6時間ほどでピークとなり、48〜72時間後に元に戻ります。また、食事（特にロイシンというアミノ酸を含む食品）を摂ると、それだけで筋肉のたんぱく質合成が上昇します。筋トレを行った後で食事を摂ると、トレーニング単独の場合よりさらにたんぱく質合成が活性化します。このようなことから、トレーニングと栄養は筋肉を発達させるための「両輪」であることがわかります。

　一方、筋再生系は筋トレによる筋肥大にどのように関わっているのでしょうか。筋再生系の「主役」は「筋サテライト細胞」という幹細胞です（図1.9参照）。この細胞は、筋線維の表面——正確には細胞膜と「基底膜」の間——にへばりついていて、筋線維当たり通常7〜10個あります。その主な役割は、筋線維が傷ついたときに、筋線維を修復したり、あるいは傷が大きい場合には

新たに筋線維をつくり出したりすることです。しかし、筋線維以外の細胞に分化する能力も持っていて、刺激次第では脂肪になったり、骨になったりします。

　効果的な筋トレ刺激が加わると、活動した筋線維からインスリン様成長因子 -1（IGF-1）や、「機械刺激成長因子」（MGF）と呼ばれる成長因子が分泌されます（正確には「しみ出てくる」といったほうがよいかもしれません）。これらは、筋線維自身を外側から刺激し、筋線維の中でのたんぱく質合成を活性化すると同時に、筋サテライト細胞にはたらいてその増殖を促します。筋線維に損傷が起こったような場合には、これらの成長因子を含む細胞内物質がより細胞外に放出されやすくなり、筋サテライト細胞もより強く活性化されます。

　また、筋線維からは「ミオスタチン」（または「マイオスタチン」）という成長因子が常に分泌されています。ミオスタチンは IGF-1 とは真逆に、筋線維の中でのたんぱく質合成を抑制し、また筋サテライト細胞の増殖に強いブレーキをかけています。「筋肉の過剰発達を抑えている物質」ということができます。効果的な筋トレ刺激を与えると、このミオスタチンの生成量が減少し、結果的に筋肥大につながります。

　増殖した筋サテライト細胞は、まず各々が融合して「筋管」という細い筋線維のような構造をつくります。筋管はそのまま成長して新しい筋線維になることもありますが、普通の筋トレの場合、隣接した筋線維に融合します。その結果、元の筋線維の中の「核」の数が増えることで、筋線維の肥大が起こりやすい状況がつくられるというのが最近の考えです。そもそも、筋線維はたくさんの核を持つ「多核体」です（1 個の筋線維には、500 〜 700 個もの核があります）。個々の核にはそれぞれ「縄張り」に相当する支配可能領域があり、この領域があまり大きくないために筋線維のサイズは核数に制約を受けています。核数が増えれば筋線維は肥大可能となるわけです。

　これらのプロセスが実際に起こることは、「遺伝子組換え実験」によって実証されています。たとえば、IGF-1 を多量に生成するように設計した遺伝子を筋線維に注入することで筋肥大が起こります。また、ミオスタチンを阻害するたんぱく質を多量に生成するように設計した遺伝子を注入すると、著しい筋肥大が起こります。いずれも筋トレを行わずに筋肥大を生じさせますので、重度のサルコペニアやガン患者の筋萎縮治療に有効と期待されますが、スポーツに悪用されたら大変なことになるでしょう。

　筋トレによる筋肥大のメカニズムは、すべて解明されているわけではありません。が、上に述べたようなたんぱく質代謝の変化や、筋内での成長因子の発現の変化が生じるトレーニングは効果的だと考えられます。先に紹介した「加圧トレーニング」や「スロトレ」では、実際にこれらの変化が起こることが示されています。

2)　リボソームの活性化とその合成

　たんぱく質合成は細胞の中のリボソームという細胞小器官で行われます。個々のリボソームでは、遺伝子から写し取られたさまざまなたんぱく質の「設計図」(mRNA) に基づいて、アミノ酸を鎖状に配列していきます。これを「翻訳過程」といいます。リボソームは「たんぱく質合成工場」といえます。

　筋トレ刺激は、リボソームを活性化する、すなわち「たんぱく質合成工場のスイッチを入れる」ようにしてたんぱく質合成を高めます。このスイッチに関わる細胞内の化学反応系が、「mTOR シグナル伝達系」と呼ばれる連続反応です。mTOR シグナル伝達系は、上に述べた IGF-1 で活性化され、ミオスタチンで抑制されます。また、ロイシンというアミノ酸で活性化され、筋線維内のグリコーゲンが減少するなどの「エネルギー不足」状態になると抑制されます。

　力学的な条件と mTOR シグナル伝達系の関係については、まだ十分に検討されているわけではありませんが、力積（＝力×力発揮時間）が重要な因子の一つであると考えられています。力発揮そのものは大きくなくとも、力発揮時間が長い「スロトレ」の効果の秘訣はここにあるのかもしれません。

　最新の研究では、筋トレ刺激によって、筋線維内のリボソーム量そのものが増えることもわかってきました。すなわち、筋トレはたんぱく質合成工場のスイッチを入れるというだけでなく、工場そのものを増設するという効果をもたらします。「筋肉をとことん強化しよう」という場合には、たんぱく質を増産する工場が十分にあるかが問題になるでしょう。どのようなしくみでリボソームの合成が起こるかは、今後の研究課題です。

3)　筋は記憶する？──筋メモリー

　長年筋トレを続けている人が、何らかの事情で3ヵ月ほどトレーニングを休止し、筋肉が萎縮してしまっても、再開すると1ヵ月ほどで元に戻ります。こ

れは、筋線維の核数が増えた結果と考えることができます。このような状態のことを「筋（マッスル）メモリー」と呼びます。

　前述のように、筋トレを行うと、刺激を受けた筋線維のまわりにある筋サテライト細胞が増えて筋線維に融合し、筋線維の中の核数を増やします。筋線維の核が増え、筋肉が肥大した状態で不活動状態にすると、急速に筋萎縮が起こりますが、増えた核の数はすぐには減らないことがわかっています。この状態で筋トレ刺激を加えると、筋線維は多くの核をすでに保持していますので、すぐに元の太さまで回復できるというわけです。

　問題はどのくらいの期間「筋メモリー」がはたらいているのか？ということでしょう。マウスの筋肉では、少なくとも 4 ヵ月は核数の多い状態がキープされるとのことですが、ヒトについては現在のところ不明です。ヒトとマウスの寿命から単純に類推すると、ヒトでは 10 年以上ということになります。現段階でいえることは、若いうちからしっかりと筋トレ（筋肉づくり）を行い、将来に備えておくのがよいということです。高齢になってリハビリの必要が出てきた場合、早期回復ができるという可能性もあります。

4）「トレーニング刺激」を構成する 5 つの要素

　これまでに述べてきたようなミクロなしくみと、実際の筋トレの刺激を結びつける要素として、以下の 5 つが考えられます。これらは、実際のトレーニングの方法やプログラムに深く関連するものといえます。

　　　①メカニカルストレス（力学的刺激）
　　　②代謝環境
　　　③酸素環境
　　　④ホルモン・成長因子
　　　⑤筋線維の損傷・再生

　筋トレの標準形として、10 RM 法（p. 49、2.4 節 3）参照）があります。ベンチプレスやスクワットなどで、重量に挑戦して 10 回やっと反復できる重量を使って行うトレーニング法です。その主眼目はメカニカルストレスをかけることです。筋肉は主に速筋線維と遅筋線維でできていて、大きくなるのは主に速筋線維です。速筋線維は瞬発力に優れ、大きな力を素早く出すことができます。遅筋線維は大きな力やスピードを出すことはできませんが、持久力に優れてい

ます。通常の筋運動では、そもそも速筋線維を使うためには大きな筋力発揮が必要です。したがって、基本的には高重量を使ったトレーニングが必要になります。

　高強度のトレーニングでは、筋線維の損傷・再生も関わってきます。筋肉を微細に損傷させて、そこから回復させることで筋肉はさらに大きく、強くなります。筋線維の微小損傷は、たとえばスクワットやベンチプレスの場合、こらえながら下ろす（エキセントリックな）動きで起こりやすいことがわかっています。

　また、スロトレや加圧トレーニングでは、代謝環境や酸素環境が関連しています。軽めの重量を用いてゆっくりと動かし、目的の筋肉に効かせて力を出し続けることで、血液の流れが制限され、低酸素状態になってきます。こうした状態になると、酸素が必要な遅筋線維が活動することができず、負荷が軽くても速筋線維が使われることになります。

　最近では、軽い重量を用いた素早い動きでも、極度に高回数行い疲労困憊まで追い込むと、速筋線維が使われて筋肉が大きくなることがわかってきました。基本的には、速筋線維を十分に疲労させるまで追い込めば筋肥大が起こるという、一見当たり前のようなことが最近の研究で判明したのです。ただ、この方法は実際には「とてもきつい」トレーニングになります。

　一方、1〜4RMのきわめて負荷強度の大きなトレーニングだけでは、筋肉を大きくする刺激が不十分なようです。ある程度繰り返し力を出し続け、筋肉にたくさんのエネルギーを使わせること（トレーニングの容量）が重要です。こうした代謝環境が、メカニカルストレスとともに重要な要因なのです。

2.4　筋トレの理論

1)　筋トレのビッグ3って何？
(a)　ビッグ3と筋トレの目的

　私たちの体には、三大筋群と呼べるものがあります。脚・胸・背です。これらの筋肉は、私たちが健やかに毎日を過ごすことやスポーツでの活躍に大きく貢献しています。これらの筋肉群を鍛えるために、フリーウエイトのバーベルを用いて行う筋トレの基本となる大切な種目は以下の3つで、これらの種目を

ビッグ3と呼びます。

　　①スクワット（脚）

　　②ベンチプレス（胸）

　　③デッドリフト（背）

　これらを、トレーニング科学に基づく正確なフォームで行うことで、三大筋群のそれぞれの筋肉量を大幅に増やすことができます。

　本章で述べてきたように、筋トレにはさまざまな目的があります。ひきしめ、メタボ・ロコモ・サルコペニア・認知症などの予防、健康管理、競技力向上、子どもの成長発育促進、病後の体力回復などです。できるだけ最小の努力と最短の期間で、これらの目的のために最高の効果を上げるには、特に重要な三大筋群を鍛えることが理に適っています。ビッグ3では、同時にそれ以外の肩・腕・腹筋といった小筋群もある程度鍛えることができます。

　もちろん、各小筋群に直接的に刺激がかかるトレーニングも大切です。たとえば、小筋群の基本的な種目には、バーベルを使ったバックプレス（肩）、カール（上腕二頭筋）、トライセプスプレスライイング（上腕三頭筋）、腹筋の種目には、クランチ、シットアップ、それにレッグレイズなどがあります。

　またビッグ3を行うときに、高齢者や子どもたち、それに体力が低下している人は、軽ダンベルもしくは自重で行うことも大切なポイントになります。自重で行うヒンズースクワットやグッドモーニングなど、またベンチプレスの代わりにプッシュアップ（腕立て伏せ）が有効です。安全に気をつけながら、自分の体力に合ったトレーニングを行うことが大切です。

(b)　ビッグ3と体幹の関係

　ところで、ビッグ3を鍛えることで気づくことがあります。それは体幹（胴体：コア）の強化についてです。スポーツ競技では、股関節で生まれた骨盤まわりの力を、体幹を通して四肢にうまく伝えていく必要があります。体幹が弱いと、せっかく生まれた大きな力が、伝わる間に小さくなってしまいます。体幹という軸をうまく使いこなすことができず、パフォーマンスの低下を招くことになります。

　ホークスに18歳入団で入団したなかに、フルスクワット50 kg/10回から始め、1年後に100 kg/10回まで、正確なフォームで行えるようになった若手選手がいます。その間、球速が140 km/hから150 km/hへと飛躍的にアップし

ました。技術力の向上もありますが、スクワットによる体幹の強化も球速アップにつながっていることがわかります。

　ホークスでは毎月、体組成を測定しています。その結果、脚だけではなく、体幹の筋肉量の増加を伴っていることがわかりました。もちろんベンチプレスやベントオーバーロウなどの背中のトレーニングも行った結果です。体組成計で測ることで、体脂肪率や骨格筋量を確認でき、筋トレがうまくいっているかどうかも正確に知ることができます。

(c)　氾濫する情報

　最近書籍やマスコミでの情報以外に、SNS（ソーシャル・ネットワーク・サービス）による情報も溢れています。巷に氾濫する情報に振り回されている人が増えているように思います。

　筋トレ指導の現場でも、止まることなく情報が流れ続けています。これらの情報は玉石混淆です。このような情報を取り入れることでトレーニングの効果が上がるのかどうか？　また、安全を守ることができるかどうか？　よく考えなくてはなりません。

　このような氾濫する情報に振り回されることなく、自分にとって有益なものを選んで活用するためには、それを判断する科学的な基礎知識が必要です。特に生理学に基づいた基礎的な知識と筋トレの基本理論を身に付け、判断しなければなりません。

　体幹トレーニングを含めた、動きづくりのためのトレーニングの指導をスポーツ現場で見ていると、毎年新たな取り組みがされています。いろいろな器具を使ってより細やかな動きを意識した内容に、素晴らしさを感じることがあります。筋トレの中にもヒップスラストやブルガリアンスクワットなどを取り入れているケースも多くなってきました。

　しかし逆に、気になることは、スクワットという基本的な種目を行うことなく、より細やかなトレーニングだけを行う傾向も出てきたことです。せっかくフルスクワットで筋肉量を増やしたにもかかわらず、止めてしまって元に戻ってしまう選手がいます。

　スクワットでは、太ももが水平になるパラレルスクワットか、それよりも深くしゃがむフルスクワットを主として行い、その記録を伸ばしてもらいたいと思います。スクワットの記録を伸ばすことは脚筋力を伸ばすことで、筋力を伸

ばすことは筋肉量を増やすことです。

(d)　ビッグ 3 を中心にした種目の選択

　実際に筋トレを行う場合には、まず種目を選びます。人の筋肉は 400 種類を超えていますので、それらの筋肉に合わせた種目もそれと同じ数だけあります。現実的にはそれらを一つずつ行うことは不可能です。まずは、どのような種目がそれなのかを理解することが必要です。

　筋肉は大まかに分けると、脚・胸・背中・肩・腕・腹の 6 部位になり、ビッグ 3 をはじめとして、それらの筋肉を最も発達させるために基本となる種目があります。そして、そのような種目を選んだ後は、行う順番を決めなければなりません。原則としては大筋群から先に行い、それから小筋群を行うようにします。小筋群から行うと大筋群の力を十分に発揮させることができなくなります。たとえばトライセプスプレス（上腕三頭筋）を行った後に、ベンチプレス（胸）を行うと、腕の疲労が残っていて、高重量を使うことができなくなります。

　種目を選んで順番を決めた後は、トレーニング処方（頻度・強度・時間）を行います。頻度とは「週に何回行うのか？」、強度とは「どれくらいの重量を使うのか？」、時間というのは「セット数と回数をどうするか？」ということです。トレーニング処方というのは、これらに対する決め事です。

2)　効果を引き出す筋トレ

　作ったプログラムに従い、トレーニングを進めるにあたって、効果を引き出すためにはすべて各種目でフォームを正確に行うことが基本です。筆者はトレーニングフォームを、①構え、②動き、という二つに分けて整理することにしています。②動きには "呼吸" と "速さ" があります。このような決め事をして、最も効果を上げるためのトレーニングを行います。効果を上げるということは筋肉量を増やすことであり、筋力を上げることです。

　安全を守るために、骨や筋肉の構造的な仕組みとしての解剖学を用いて、フォームをみます。また効果を引き出すためには、物体の運動の仕組みとして、重力や「テコの原理」を利用した力学（物理学）を用います。そして、さらに安全性と効果を上げるために、生理学に基づいて体の機能的なしくみを理解します。②動きの中の "呼吸" と "速さ" というのは、生理学と力学の視点で取り入れています。

　これらの３つの視点を適宜組み合わせながら、実践者にとって安全で最も効果的なフォームをつくっていくことになります。

3)　筋トレの王道

　筋肉づくりに必要な刺激には、メカニカルストレス、代謝環境、酸素環境、ホルモン・成長因子、筋線維の損傷・再生の５つがあると先に述べました。これらのすべてを同時に、最高レベルで達成するトレーニング法は今までに見つかっていません。それがあれば、唯一無二のトレーニング法であり、究極の筋トレといえると思いますが、残念ながらそのようなトレーニング法は存在しません。上記の５つの刺激による筋肥大のメカニズムを理解し、適材適所にうまく利用することで、実践者にとって最高レベルの効果を引き出すトレーニングができます。

　スポーツ選手が行う、競技力向上のための筋トレには８〜10 RM の重い重量に挑戦するトレーニングが向いています。８〜10 RM というのは75〜80% 1 RM に相当します。RM（最大反復回数）はレペティション・マキシマムのことです。1 RM というのはやっと１回上げることができる最大挙上負荷のことをいいます。

　しかし、これは高齢者や子どものトレーニングとしては、逆にケガや故障を引き起こしやすく、健やかな生活や成長発育促進を促すトレーニングとしては問題もあります。

　高齢者や子どもたち、それに体力が低下した人にはスロトレが最適でしょう。これはゆっくりとした動きで、筋肉に力が入ったままで行い続けることがポイントです。スクワットを行うときには３秒の時間をかけて等速でしゃがみ、３秒かけて立ち上がります。そして立ち上がったときには膝を伸ばしきらないようにして、太ももに力が入った状態でまたしゃがんでいきます。研究結果では50% 1 RM でのスロトレの効果が、80% 1 RM での普通のトレーニングの効果に相当します。

　スポーツ競技者や一般成人はトレーニング種目として、ビッグ３（スクワット、ベンチプレス、デッドリフト）などの基本種目を選びます。筆者は腰痛を考慮して、デッドリフトの代わりに、広背筋にも効果的なベントオーバーロウを取り入れることがあります。デッドリフトは主に脊柱起立筋の運動です。

　これらの種目は一見単調過ぎて面白さに欠けるということがありますが、その効果は科学的な根拠や経験に基づいて証明されています。実は簡単にできる単調な動きの中にこそ、安全を最優先しながらも最短・最高の効果を上げる秘訣があり、楽しさを引き出す興味深いことや面白さが隠されているのです。

　筋トレの本質である筋肉づくりの恩恵を最大に、最高にするためには、それぞれの人にとって最も適したトレーニング法を選ぶことが必要です。

　このように、筋トレにはその王道といえる、最短・最高の効果を引き出す基本種目があります。それらを別の種目に変えて行われたりもしていますが、筋肉量を維持するのがやっとだったり、減少することがあったり、必ずしも効果的ではないようです。

第 3 章 筋力トレーニングの実践

3.1　トレーニングの原理・原則

　運動に関連した筋肉の機能は、大きく下記の 3 つに分けられます。
- ①筋力
- ②持久力
- ③柔軟性

そして、これらを効率よく向上させていくためには、
- 1）過負荷（オーバーロード）の原理
- 2）特異性の原理
- 3）可逆性の原理

という、トレーニングの「3 つの原理」を理解する必要があります。

　過負荷の原理（オーバーロードの原理）：今生活している水準よりも強い刺激を与えることが必要であるということです。スポーツ選手の場合、普段の生活よりかなり高い水準の刺激を受けながら技術練習をしています。したがって、技術練習でかかる以上の刺激としての抵抗（過負荷）を補強トレーニングによってかけることが必要です。つまり専門競技の練習以外に、競技練習で体にかかる負担以上の負荷をかけるように、筋トレをしたり走り込みなどを行ったりします。

　特異性の原理：トレーニングの効果は、刺激を受けた体力要素だけに現れるということです。たとえば、筋トレによって筋力が上がっても、走り込みを行わなければ持久力は変わりません。走り込みによって、筋力も一緒にアップしたいと考えている人もいるでしょう。しかし、筋力アップのためには、スクワ

ットを行った方がより確実に、しかも強力に効果を得ることができるのです。

　可逆性の原理：トレーニングを止めれば、体力は元のレベルに戻ってしまうということです。筋力だけでなく持久力や柔軟性の場合にも同じことがいえます。トレーニングは継続的に行わなければ、その効果は徐々に失われていきます。

　これらの体力要素に関わる3つの原理は、すべてのトレーニングに共通するものといえます。

　さらに、以下の5つの「トレーニングの原則」とよばれるものがあります。

　　①意識性の原則
　　②全面性の原則
　　③個別性の原則
　　④漸進性の原則
　　⑤反復性の原則

　意識性の原則：「高い意識を持ってトレーニングに取り組む」ということです。生理学に基づいたトレーニングの3つの原理を理解して、目的に則したトレーニングプログラムをつくり、しっかりと実践し続けることです。

　全面性の原則：「全体的にバランスよく体力要素を高めていく」ということです。トレーニングにおいて、筋力、持久力、柔軟性などは偏りなく、バランスよく高めていくようにする必要があります。筋トレにおいては、各筋肉部位（脚・胸・背・肩・腕・腹）の筋肉をまんべんなくトレーニングすべきということとになります。

　さらに、全面性の原則を補足する「専門性の原則」というものもあります。これは専門競技の特性に合わせて、その競技特有の体力要素を重点的にトレーニングすることです。専門性の原則は、あくまでも全面性の原則を基盤として守りながら行います。

　個別性の原則：トレーニングプログラムの内容を、「トレーニングを行う人の個別性に応じて決める」ということです。たとえば、筋力アップを目的とするならば、ベンチプレスを80kgの重量で行うことは、100kg/10回できる人には軽過ぎ、50kg/10回できる人には重過ぎます。個人個人の筋力に合わせて調整を行う必要があります。

　漸進性の原則：トレーニングを続けるに従って、「徐々に強度や量を高めて

いく」ということです。同じ重量・回数を行っていては、そのうち頭打ちになってきます。

　反復性の原則：トレーニングを「一定期間以上、規則的に繰り返す」ということです。トレーニングの効果を出すためには継続することが必要です。一方で、やり過ぎ、オーバートレーニングには、気をつけなければなりません。トレーニングを続けていく場合、効果が出なくなったときには「休養」をとることもとても大切です。

3.2　トレーニングの負荷

　筋トレは、ウエイトトレーニング、あるいはレジスタンストレーニングとも呼ばれます。負荷（抵抗：レジスタンス）となる錘（ウエイト）を使って、メカニカルストレス（力学的刺激）をかけて、筋肉を太く強くします。

　バーベルやダンベルなどのフリーウエイト、各種マシン、チューブなど、さまざまな用具が負荷として使われます。最近ではチェーンやウォーターバッグなども使われます。また、自分の体重（自重）を使って行うこともできます。

　基本的なものは、フリーウエイト、マシン、自重の3つですが、そのなかでもスポーツの動きや日常生活動作に役立ち、効果的に筋肉量を増やすことができるものは、バーベルやダンベルを使ったトレーニングです。

3.3　自重によるトレーニング

　私たちは地球という環境の中で、常に重力の影響を受けながら生活しており、自分の体重（自重）が負荷となってかかり続けているのです。すなわち、「負荷」の原点は自分の体にかかる「重力」といえます。

　高齢者や子どもたち、それに体力が低下した人では、まず自重でのトレーニングが有効です。関節のしくみを理解し、正しく動かすことも重要です。自重を使ったトレーニングには、以下のようなものがあります。

　しっかりと立ち上がる脚筋力は、自重でのスクワットや片足を踏み出してしゃがむランジなどで強化することができます。スクワットでは、股関節と膝関節を主に使います。

胸の運動としては腕立て伏せ（プッシュアップ）があります。肩関節と肘関節を使います。

背中の運動の代表的な種目としては、肩関節と肘関節を使った懸垂（チンニング）があります。

いずれの種目も関節の角度や可動域、動きの速さなどを変えることで、負荷の強さを調整することができます。

3.4　フリーウエイトとマシン

1)　フリーウエイトとマシンの長所と短所

(a)　フリーウエイト

フリーウエイトとは、主にバーベルやダンベルを指します（図3.1）。フリーウエイトの長所はまず、「トレーニング効果が大きい」ということです。また、何も支えになるものがなく、重力の影響を受けながら自分自身の力で負荷を上げ下げする軌道をつくり、普段の生活や実際のスポーツの動きに近い状態でトレーニングできます。ただし、正しいフォームで行わなければ、大きな効果を出せません。

フリーウエイトの中でも、ダンベルはバーベルより可動範囲や動きの自由度が大きくなり、バランスのとり方も難しくなります。そのため重量の伸びもバーベルに比べて少なく、なかなか意欲を引き出せません[1]。

バーベルだけで、たとえば以下のような、いろいろな種類のトレーニングを行うことができるのも、長所の一つといえるでしょう。

　　①脚：スクワット
　　②胸：ベンチプレス
　　③背中：ベントオーバーロウやデッドリフト
　　④肩：バックプレス
　　⑤腕：カールやフレンチプレス

---

1)　ダンベルに近いケトルベルというものもありますが、これを使ったトレーニングは主に体幹やインナーマッスルのトレーニングで、直接的な筋肥大や筋力増強という目的からは少し外れます。

(a)　　　　　　　　(b)　　　　　　　　(c)

図 3.1　バーベル(a)、ダンベル(b)、ケトルベル(c)

　また、器具を揃えるときの費用もそれほどかかりませんし、スペースもあまり必要としません。

　短所は、「危険性と難しさ」です。フリーウエイトは、支えるものが自分の体しかありませんので、間違って落とすと大ケガをする場合があります。また間違ったフォームで行えば、ケガや故障を引き起こすことにもなります。

　十分な効果を引き出すには、書籍を参考にしたり、専門の指導者に見てもらったりしながら、正しいフォームを習得する時間も必要です。間違ったフォームだと、急性の外傷（ケガ）だけでなく、慢性的な障害（故障）を引き起こすこともあります。重量に挑戦するようになると、精神的なストレスも大きくなってきます。

　解剖学や物理学（力学）に基づくフォームの理解は、外傷・障害の予防とトレーニング効果に大きく影響します。

"スポーツ Dr. から一言" ダンベルの長所、短所

　ダンベルは筋トレには欠かせないきわめて有効な器材です。長所はバーベルに比べて自由度が高いことです。バーベルでは動作の途中で腕を回内、回外したりすることはできません。そのために関節に無理な負担を強いることになります。ダンベルではそういう意味でより自然な動きが可能になります。また欠点としては自由度が高いぶん、動作を安定させるために補助筋の影響を受けやすく、扱える重量が低くなります。これはいたしかたないことではあります。

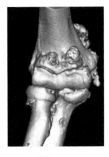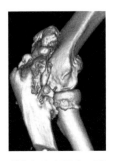

63歳男性、トレーニング歴は40年以上。可動域は伸展−20度、屈曲110度と制限し、痛みも強い。関節内に多数の遊離体と骨棘が見られる。

それならばダンベルは"関節に優しい"トレーニング器材かというと必ずしもそうではありません。むしろダンベル愛好家に肘の変形性関節症が多いようです。

ダンベルを床から持ち上げてスタート位置に持ってくる際に、反動を使って勢いよく一気に行います。すると、ダンベルを受け止めたとき肘に強い負担が加わります。この繰り返しで関節軟骨が削れ、関節内に炎症が起こり、慢性化して変形が進む

のではないかと推測しています。他のマシーンを使うときもそうですが、反動をつけて一気に動かすと関節に瞬間的に莫大な負荷が加わってしまいます。これを避けて比較的ゆっくりと動かしている人には変化が少ないように思います。関節の変形の進行には、こういった使い方などによる物理的な外力以外の要素として体質的なことも関係しているかもしれませんが、現在はまだわかっていません。

(b)　マシン

マシンには、ウエイトスタック式、空気圧・油圧式、プレート式などがあります。また、最近はやりのケーブルを用いていろいろな角度で行うことができ

図3.2　ファンクショナルマシン

る、フリーモーションのファンクショナルマシン（図3.2）があります。筋肥大や筋力強化の目的で使用しているケースもあるようですが、これは主にリハビリテーションのためのものといえます。

マシンの長所は「使いやすさと安全性の高さ」です。誰かに教わることもなく、取扱説明書を読むだけで簡単にトレーニングができてしまいます。また、動きの軌道がレールやベアリングの入ったジョイント部品や滑車などでサポートされていて、安全に行うことができます。短所は、フリーウエイトに比べて

「トレーニング効果が小さい」ことです。直接的な刺激を受けるフリーウエイトに比べて、どうしてもマシン自体に刺激が逃げてしまうのです。また摩擦によって負荷が小さくなること、動きの軌道が決められていて、それ以外の動きができないということもあります。

2)　フリーウエイトでの筋肉の力発揮と負荷のかかり方

　フリーウエイトの種目のうち、ダンベルカールを例にとって考えてみます。ダンベルカールでは、肘が伸びた状態から、上腕二頭筋が縮んで力を出し、肘を曲げていきます。このとき肘関節まわりには回転運動が生じます。

　図3.3の下のグラフを見てください。

　関節の角度を変えながら肘の屈曲方向に出せる最大筋力（回転力＝トルク）を測っていくと、グラフはお椀を伏せた山型の曲線になります。肘が伸びきったときが0度、肘を曲げていって力のピークは60〜70度です。それを過ぎるとまた下がっていって肘が曲がり切った状態（150度ほど）になります（A）。

　一方、実際にかかる重さ（負荷）は、テコの原理により、関節角度が90度のときに最大になります（B）。ところが、上腕二頭筋が出す筋力は前述のように60〜70度が最大です。筋力発揮のパターンと、重力によって実際にかかる負荷のパターンがずれてしまうのです。重量が重くなるほど、最大筋力が出るところと負荷が最大になるところが大きく違ってきます。このような違いが出てくるのはフリーウエイトの宿命といえますが、これを知ることで、どうすればより効かせられる（目的とする筋肉に刺激を与えること）かもわかってきます。

　中・上級者になると、それを

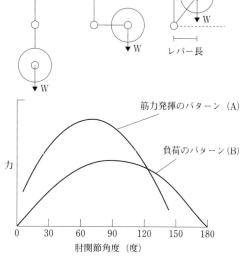

図3.3　ダンベルカールにおける上腕二頭筋の筋力
発揮パターンと負荷のパターン（石井、1999）

カバーする手段として反動を使って行うチーティングというスタイルを用います。チーティングスタイルでは、反動なしのストリクトスタイルで上がらない重量を、動作の初めに反動を使って上げます。そのため、中間では勢いで上げることになり、負荷がかかりにくくなります。しかし、こらえながら下ろすとき（エキセントリック）の最大筋力は、上げるとき（コンセントリック）の最大筋力の 1.4 〜 1.5 倍になるので、こらえながら戻すことで、ストリクトスタイルで上がらない重量を負荷としてかけることができるのです。こうすることで、トレーニング効果を、更に大きくすることができます。反動を使わないストリクトスタイルだけでは、ある程度のレベルで筋肉の発達に限界がくるのではないかと、私は考えています。

　もう一つの手段としては、上体を後ろに反らしながら行う方法があります。こうして力を出しやすくすることで、うまく上げることができます。これらは中・上級者用のテクニックとして有効です。

　初心者はまず、反動なしで行うストリクトスタイルを用いて、効かせるコツを覚えるようにします。その後、筋力の伸びがなくなってくるときに反動を使ったチーティングスタイルを用いると、負荷を重くしながら効かせることができます。上体を反って行う方法も同様です。チーティングスタイルも上体の反らしも、効かせることができる技術があってのことなのです。

3)　フリーウエイトでの目的に合わせたフォーム

　ベンチプレスはフリーウエイトを代表する種目です。まずベンチプレスの手幅について考えてみましょう。通常、ベンチプレスの手幅（グリップ）は「肩幅の 1.6 倍」が基本とされています。この手幅で「プレス力」が最大になるという報告もあります。しかし、この手幅は、目的に合わせて変えることがあります。ワイドグリップでは胸に効き、ナロウグリップでは腕（上腕三頭筋）に効きます。

　図 3.4 は、広いグリップの場合(a)と狭いグリップの場合(b)での、ベンチプレスにおける肩関節まわりのトルクを比較したものです。力学的には、肩関節が支点、グリップが作用点です。テコの原理を考えると、同じ重量でも手幅が広ければ広いほど、肩関節を回す角度も小さくてすみますが、その分、モーメントアーム長（図中 L、L' で示す）肩関節まわりのトルクは大きくなります。

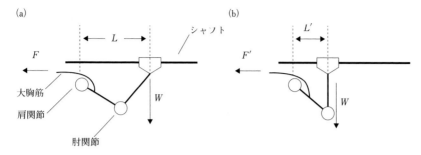

図 3.4 広いグリップ(a)と狭いグリップ(b)のベンチプレスにおける肩関節まわりのトルク。トルクは $W \times L$ (a)、$W \times L'$ (b)となる。(石井、1999)

　すなわち、手幅が広いほど、大胸筋に強い刺激をかけることができるということです。一方で、上腕三頭筋の動きと負荷は小さくなります。したがって、このような広い手幅がアスリートの補強に合うかは、簡単には判断できません。そのケースに応じて具体的に、手幅がスポーツ競技に及ぼす影響を考える必要があります。

　逆に、手幅が狭い場合には、大胸筋にかかる負荷は小さくなります。一方で、バーが胸から離れて肘が伸びるまでの移動距離は長くなり、肩関節の動きが大きく、上腕三頭筋に大きな負担がかかります。

　ベンチプレスのフォームづくりには、肩甲骨・胸郭・背骨・骨盤の柔軟性と、胸郭の厚みや肩幅などの骨格、細身や筋肉質といった体型なども関わってきます。

4) ビッグ3のフォーム

　スクワット、ベンチプレス、デッドリフトというフリーウエイトの「ビッグ3種目」で構成された競技にパワーリフティングがあります。パワーリフティング競技でのベンチプレスの手幅は、「左右の人差し指と親指の股が81 cm以内」というルールがあります。最近の20 kgシャフトは、81 cmのラインに掘り込んだ印が付けられているものがほとんどです(図3.5)。

　パワーリフティング競技では、日本人でもものすごい重量を上げる選手がいます。彼らは、手幅を広くとって大胸筋に大きな負担をかけながら、しっかりと胸郭を開いて胸を張り、肩甲骨を閉じ、背骨を大きく反らして体幹の縦のア

図3.5　バーベルシャフト
バーに印が付いているのがわかる（▽）。

ーチを作るようにしています。こうすることによって、胸から肘を伸ばしたバーまでの距離を短くしているのです。

このように、パワーリフターは、より重たい重量を上げるための工夫をしています。

元パワーリフティングの日本チャンピオン吉田進氏（現・トレーニングジム「パワーハウス」主宰）は、その著書で、高重量を上げるための「フォームを決める三大要素」は、

　①バーベルの動きを最小にする

　②たくさんの筋肉を一度に使う

　③関節の動きを最小にする

ことであると述べています（吉田、2010）。

　驚異的な重量を挙げる、日本や世界のトップリフターフォームには美しさがあります。パワーリフティングにおける理想のフォームとは、これらの三大要素により自分の強みを活かし、絶妙に調和させたバランスの取れた姿といえます。

　これに対して、できるだけ筋肉量を増やすためのフォームは、

　①バーベルの動きを最大にする

　②目的とする筋肉に効かせる

　③関節の動きを最大にする

ことであり、パワーリフティングのフォームとは真逆です。こちらは筋肉量を増やすことを目的としたもので、筋肉量を競い合うボディビル競技用のフォームともいえます。「筋肉のエンジンとしての基本性能を向上する」という筋トレの基本を忘れないようにしながら、それぞれの競技にあったフォームを習得することは、とても重要なことです。

　このように、フリーウエイトのトレーニングでは、関節の動き、筋肉の特性、そして重力が相互作用しているため、フォーム次第で効果が変わったり、フォームが悪いために目的とする効果が得られなかったりします。

5) マシンによるトレーニング

先にも述べましたが、マシンの長所は「使いやすさと安全性の高さ」です。精神的なストレスも少なく、これらはフリーウエイトの短所をカバーするものです。フリーウエイトでは手首を痛めると胸や肩などの運動はできませんが、マシン（ペックデックフライやサイドレイズマシンなど）では、握り方を工夫すればできる場合があります。ショルダープレスマシンやチェストプレスマシン、カーフレイズマシンやラットマシン、スミスマシンやレッグプレスマシンなども、フリーウエイトの短所をカバーできるようにつくられています。

また、ウエイトスタック式のピンを差し込んですぐに重さを変えられるマシンでは、ディセンディング法（またはドロップセット法）を簡単に行えるという長所もあります。これらの工夫は、マシンの短所を知ることでより効果的に行うことができます。

先にも述べたように、マシンの短所は、フリーウエイトに比べて「効果が小さい」ということです。マシンにはケーブルを引くための滑車やレールなどがあり、どうしても摩擦が起こり、刺激が逃げてしまい、下ろす（戻す）ときの

負荷がフリーウエイトより落ちるのです。それをカバーするためには、下ろすときにしっかりとこらえながら行うことを意識する必要があります。

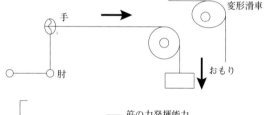

ここで、フリーウエイトとアイソトニック・マシンでの、筋力発揮パターンを比べてみましょう（図3.6）。アイソトニックとは「等張力性」のことで、筋肉が出している力と負荷が釣り合っている状態のことです。ラットマシンやフロアプーリーマシンなどもアイソト

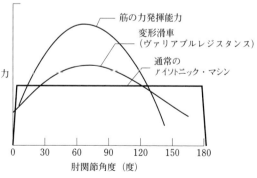

図3.6 アイソトニック・マシーンの筋力発揮パターン（上腕二頭筋、アームカール）（石井、1999）

ニック・マシンです。

　フリーウエイトのダンベルやバーベルを使ったアームカールでは、前述のように関節を曲げた角度によって錘（ウエイト）のかかり方の強さ（負荷）が変わってきます（図3.3）。上腕を垂直に保った状態にすると、負荷の大きさはちょうど肘関節が90度のところでピークをもつ山型の曲線を示します。

　一方、プーリー（滑車）を介してウエイトスタックを持ち上げるようなマシンでは、肘の角度によらず、いつも同じ力がかかります（図3.6）。これはマシンとフリーウエイトの決定的な違いです。常に同じくらいの力が働いているマシンの方が、フリーウエイトより優れているといえるのでしょうか。確かに肘のどの角度でも効いている感覚があり、マシンの方が効果的なようにも思えます。

　しかしながら、実はフリーウエイトの方が筋肉の性質に合っているのです。フリーウエイトでは、重力による力が一番かかるところと、筋力が最も出るところがずれてはいますが、それでも同様の山型の曲線を持っており、両者はよく似ているからです。

　近年では開発が進み、使いやすいマシンが増えてきました。

　動かしているときのウエイトの負荷が一定にならないように、変形した滑車を使っているものもあります。こうすることで、筋肉の力発揮の特性に合わせています（滑車の形を見てみるとすぐわかります）。動作の序盤・中盤・終盤、それぞれに負荷が強くかかるように設計されているもの（ヴァリアブルレジスタンス）もあります。うまく使いこなしていくためには、そのしくみを理解することも必要です。

　こうみていくと、マシンとフリーウエイトで、どちらがよいかは一概にはいえません。経験を積んでいくと、それぞれの長所を活かせるようになって、更に効果的なトレーニングができるでしょう。

“スポーツ Dr. から一言”レッグエクステンションの取り入れ方

　太腿の筋肉が発達した選手がレッグエクステンション（以下、LE）をしている姿を見ると下肢の筋力強化に抜群の効果があると思ってしまいます。スクワットはking of trainingといわれていますが、正直きついトレーニングなので敬遠しがちで、LE で済ませてしまいがちです。しかし LE だけしかやらない人の脚はスクワット

を中心にトレーニングしている人に比べ
ると筋のボリュームや張りが少ない印象
があります。なぜでしょうか。

　LE は膝を中心とした単関節運動で大
腿四頭筋には強い刺激が加わります。一
方スクワットやレッグプレスは軸方向に
負荷が加わり、膝と股関節の複合関節運
動で下肢全体の筋群を総動員します。し
たがって下肢、あわせて体幹の筋力増強
を狙うのであれば、スクワットなどの複合関節運動を主に選択するほうが得策です。
まさに "No pain, no gain" です。ただし、術後のリハビリや、コンテスト前の筋肉
の “キレ” を求める目的であれば LE も有効なトレーニング方法ではあります。ま
たスクワットで十分に負荷をかけた後にさらに LE で追い込むのは効果的な方法で
す。

　いっぽう LE は膝蓋大腿関節への負担が大きいため関節軟骨を傷めやすく、コリ
コリ音が出たり、チクッとする膝前面のシャープな痛みが出たりすることがありま
す。特に臀筋や大腿筋膜張筋、ハムストリングスが疲れて硬く拘縮を起こしている
ときは膝外側にある腸脛靱帯の緊張が高まり、さらに膝蓋大腿関節への負担が大き
くなるので要注意です。また高齢者の下肢のロコトレとして LE が推奨されること
がありますが、立って歩けているうちは自重のスクワットのほうが有効です。トレ
ーニングの原則として、体力アップには単関節運動より複合関節運動を優先させて
ください。

6)　体幹とインナーマッスルの強化

　体幹[2]とインナーマッスル（深部筋、深層筋）への負荷のかかり方は、フリー
ウエイトとマシンのトレーニングでは決定的な違いがあります。

　フリーウエイトで、スクワットやベンチプレス、デッドリフトといった大き
なアウターマッスル（表層筋）を強化する運動を行うとき、体幹をしっかりと
固定して関節の安定を保つために、股関節まわりや肩関節まわりのインナーマ
ッスルも同時に働きます。アウターマッスルは主にモビライザー（動きの生成）
の役割を、インナーマッスルは主にスタビライザー（関節の安定・固定）の役割

---

　2)　体幹はコアとも呼ばれ、脊柱を支える筋群や腹筋群を指す場合があります。ここでは体
　　幹は頭・腕・脚を除いた胴体の部分とします。

図 3.7　スミスマシン

を果たしています。両者が互いに協力しあって調和を保つことによって、大きな力を発揮することができます。

　一方、マシンの場合には、体幹の代わりになる安定して固定された箇所が備わっています。レールやマシンを支えている鉄柱、関節のように器具をつないでいるベアリングが入ったジョイントの部分や滑車などがそれです。これらのお陰で、股関節や肩関節を安定させるためのインナーマッスルによって体幹を固定せずとも、アウターマッスルを集中的に使うことができます。ここでは、インナーマッスルとアウターマッスルの協調的な関係はありません。これが、マシンの問題点なのです。

　たとえば、バーベルを使ったスクワットと、レッグプレスやスミスマシンを比べてみましょう（図3.7）。レッグプレスは、下半身だけに負荷がかかり、体幹がほとんど使われません。スミスマシンは直接器具に備え付けのバーを担ぐので、フリーウエイトに近い状態でのスクワットを行うことができますが、両サイドにレールがあるため、体幹の固定をそれほどする必要がありません。レッグプレスマシンやスミスマシンではバランスをとって安定させる、股関節まわりのスタビライザーマッスルもそれほど使われません。すなわち、バーベル

スクワットとレッグプレスマシンのエピソード

　以前、ジムで熱心にトレーニングしている25歳の男性会員がいました。入会する前の5年間、バーベルを使ったスクワットは行わず、マシンでレッグプレスだけをしていたそうです。その結果400kgという高重量を10回、フルレンジで行うことができ、太ももの筋肉もそれに見合うように、とても大きく発達をしていました。

　ところが、久しぶりにフルスクワットを行ってみると、100kg/10回、正確に行うことができませんでした。使っていたレッグプレスマシンの傾斜角度が45度になっているので、計算上はフルスクワットで200kg/10回できるはずですが、実際にはその半分の100kgも上げることができませんでした。

　このエピソードは、フリーウエイトとマシンの違いの大切な意味を示唆しています。

を使ったスクワットを、これらのトレーニングで完全に代用することはできないのです。

　また、フリーウエイトの軌道は鉛直方向なので、スミスマシンのレールの軌道もそのようになったものがよいと思われますが、最近ではレールをあえて斜めにしたものもあります。こういったマシンを使い続けると、どのような影響が出てくるのかは今後の研究の課題です。

筋肉の位置と機能による分け方

　インナーマッスルとアウターマッスルというのは、筋肉がある位置による分け方です。ところが、この分け方では矛盾する筋肉が出てきます。

　たとえば、肩関節にあるローテーター・カフというインナーマッスル（棘上筋・棘下筋・小円筋・肩甲下筋）がそれです。ローテーター・カフの主な働きは、肩の外旋・内旋とともに、上腕骨を肩甲骨に引き付けることです。これによって肩が外れないように固定し、肩関節の安定を保っています。しかし、その中の一つ、棘下筋ははっきりと外から見える筋肉なのです。位置からいえば、棘下筋はアウターマッスルです。

　また、骨盤を跨いで脊柱と大腿骨を結んでいる大腰筋はインナーマッスルとして知られていますが、この筋肉は股関節を安定させるのではなく、脚を前方に振り出す働きをしています。大腰筋はインナーマッスルでありながら、動きを生み出すモビライザーマッスルでもあるのです。

　そこで、これらの矛盾を解決するために、関節の動きを生み出す筋肉をモビライザーマッスル、関節の安定を保つ筋肉をスタビライザーマッスルというように、機能による分け方をすることもあります。上記でいうと、ローテーター・カフはスタビライザーマッスルで、この筋肉のお陰で、大胸筋や三角筋というモビライザーマッスルが大きな力を出すことができます。

7)　フリーウエイトとマシンの組み合わせ

　フリーウエイトとマシンの両方を組み合わせて、より効果的なトレーニングをすることができます。効果を引き出すためには、双方の短所をできるだけ少なくし、長所を組み合わせる工夫をする必要があります。そのために、マシンはフリーウエイトをバックアップする役割と位置付けます。「フリーウエイトを効果的に伸ばしていくための手段として用いる」ということです。

　バーベルスクワットでは、バーベルを支えるために上半身の体幹と股関節周りのインナーマッスルを最大に使って関節を安定させ、高重量を扱っています。したがって、バーベルスクワットの後は、体幹や股関節まわりのインナーマッスルも疲労して十分に働かなくなります。ここで、関節を安定し固定するための代わりとなるレールがあるレッグプレスマシンを用いれば、インナーマッスルをそれほど使わずにすむため、高重量を扱うことができ、大腿部の筋肉だけに更に強い刺激を与えることができます。

　このように、マシンとフリーウエイトとを併用することで、関節を固定し安定させるインナー（スタビライザー）マッスルと大きな力を発揮するアウター（モビライザー）マッスルのバランスを崩すことなく鍛えることができるのです。

8)　時間を管理する

　現場での筋トレは、技術練習や筋トレ以外の補強運動（体幹・インナー・ストレッチ・アジリティなど）の最後に行われることが多いです。これは、筋肥大筋力増強が必要な選手には、あまり望ましい状況ではありませんが、それでも「効果を上げ」なければなりません。

　体幹やインナーマッスルのトレーニングはスポーツ動作に近いので、即効性があります。そこで、その効果に驚いてついつい時間を忘れて行うケースも見られます。そして「やればやるほど良い」と考えるようになるのでしょう。しかし、体幹やインナーマッスルの使い方を覚えただけでは、すぐに限界が見えてくることも事実です。これらは、そのスポーツ競技に適合してくるところまできたら、後は維持することが中心になってきます。これはストレッチとよく似ています。たとえば開脚は180度開くことができるようになると、あとは維持するために行うことになります。維持するための時間も、非常に短くてすみます。くわえて、それ以上やると関節が緩み過ぎて、ケガや故障につながることもあります。

　近年では、自重での腹筋や背筋運動、コーンやラダー、バーベルやダンベルなどの器具を利用した体幹やアジリティ（敏捷性）向上のためのトレーニング、またチューブや軽ダンベルを使ったインナーマッスルトレーニングが多数実施されています。気づくと1時間以上もトレーニングしていることは日常的にあります。さらに技術練習の中にも、同じようなものを取り入れることまであり、

おまけに走り込みもあります。

　競技特性もありますが、たとえば体幹やインナーマッスルをベストに維持するためのトレーニングは10分から20分までとあらかじめ時間を決めて行い、より大きな可能性を秘めている筋肉を太く、大きく、強くする筋トレにより時間を割くのが理想的です。

　競技特性と自分の体力レベル向上にあった「時間のコントロール」が必要と考えられます。スポーツ指導者やコンディショニングコーチには、パワー、筋力、スピード、持久力、バランス、柔軟性、協調性など各種の体力トレーニングをマネジメントする能力が問われます。

　人体が備えている器官のなかで、筋肉ほどトレーニングによる効果が上がる部位はありません。たとえば、フルスクワット50 kg/1 RM（1回限界）の人が、数年後に200 kg/1回上げられるようになる可能性は若いスポーツ選手であれば誰にでもあります。努力次第で、なんと4倍の力発揮ができるようになるのです[3]。

　筋トレは魔法ではありませんが、限りない可能性を引き出し、魔法のような効果を上げることができるのです。

3）実際に、プロ野球チームのソフトバンクホークスの若手選手には60 kg/10 RM を120 kg/10 RM と、半年で2倍に伸ばした人がいます。

重要な種目の理論と実際

スクワット
ベンチプレス
デッドリフト
ベントオーバーロウ

スクワット

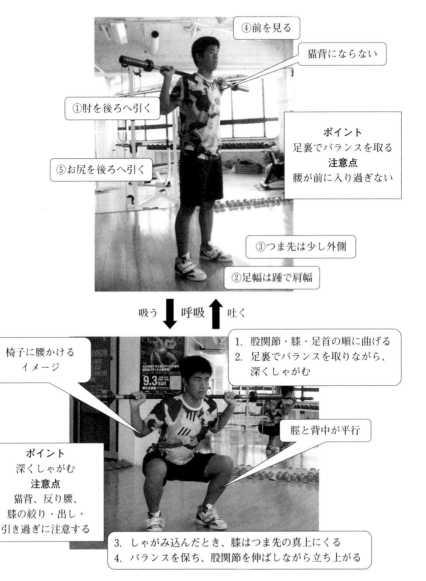

④前を見る

猫背にならない

①肘を後ろへ引く

ポイント
足裏でバランスを取る
注意点
腰が前に入り過ぎない

⑤お尻を後ろへ引く

③つま先は少し外側

②足幅は踵で肩幅

吸う　**呼吸**　吐く

椅子に腰かける
イメージ

1. 股関節・膝・足首の順に曲げる
2. 足裏でバランスを取りながら、
　深くしゃがむ

脛と背中が平行

ポイント
深くしゃがむ
注意点
猫背、反り腰、
膝の絞り・出し・
引き過ぎに注意する

3. しゃがみ込んだとき、膝はつま先の真上にくる
4. バランスを保ち、股関節を伸ばしながら立ち上がる

1.　理　　論

　筋肥大・筋力増強に最も貢献するのがスクワットです。背筋や腹筋といった体幹の筋肉群も同時に使われ、上半身と下半身のバランスも作ることができます。まさに「キング・オブ・エクササイズ（トレーニング）」といえますが、真剣に取り組むと苦しさも大きく、敬遠されがちな種目でもあります。一番きつい種目なので、オールアウト（反復不能になること）するまで追い込んだときは、何にも代えがたい喜びに満たされます。正しいスクワットの継続は、健康寿命を延ばすなど、さまざまな恩恵をもたらしてくれます。

1.1　スクワットにおける筋と関節のはたらき

　スクワットでは、股関節・膝関節・足関節の3つの関節が使われます。股関節は骨の付け根に球と球受けが組み合わさり、いろいろな方向に曲げたり回したりできる球関節です。そのため、足幅のとり方はある程度の範囲まで許容され、個々の体型や柔軟性に応じて調整できます。膝関節は開き扉のような構造の蝶 番関節で、一方向にしか動かせません。したがって、しゃがむときには、つま先と膝の方向を常に同じにします。

　しゃがみ込むとき、上半身は前傾しますが、背骨はまっすぐに保ちます。背骨は積み木を積み重ねたような構造で、椎体と椎間板が交互に並んでいて、椎体の後ろに開いている穴を、柔らかい棒状の組織である脊髄が貫いています。それぞれのつなぎ目には、靱帯がしっかりと張り付いて、椎体がバラバラにな

らず、また椎間板が飛び出さないようになっています。背骨が前方に湾曲する（猫背になる）と、曲がった部分の腰椎の椎間板の前面に過度の負担がかかり、この構造を維持するために無理が生じます。

　スクワットで使われる下半身の主な筋肉は、太ももの前面にある大腿四頭筋、太ももの裏側にあるハムストリングス、その上にある大臀筋です。さらに深くしゃがんだ場合は内転筋群にも大きな刺激が加わります。

　ハムストリングスは大腿二頭筋、半腱様筋、半膜様筋の3つの筋肉の総称で、紡錘状筋（平行筋）に近い形をしています。強い力を出すというより、筋線維が長い分、大きな動きをするのに適しています。また、股関節と膝関節をまたぐ二関節筋であり、股関節の伸展（太ももを後ろに引く）と膝関節の屈曲（膝を曲げる）という2つの動きを同時に行うことができます。歩いたり走ったりするときの後ろ側の脚の動きです。

股関節伸展

膝関節屈曲

股関節伸展と膝関節屈曲

股関節屈曲

膝関節伸展

股関節屈曲と膝関節伸展

　大臀筋は単関節筋で、おじぎの状態から股関節を伸展する動きをハムストリングスとともに行いますが、股関節が前方に曲がっている状態では（屈曲位）、大臀筋のはたらきが強くなります。

　大腿四頭筋（大腿直筋・中間広筋・内側広筋・外側広筋）は筋線維の走行方向が鳥の羽のように斜めになっている羽状筋で、紡錘状筋（平行筋）に比べて筋線維が短く、同じ体積中の筋線維数が多いため、強い力を発揮するのに適しています。このうち大腿直筋は二関節筋で、股関節の屈曲（太ももを前に出す）と膝関節の伸展（膝を伸ばす）という2つの動きを同時に行うことができます。歩いたり走ったりするときの前側の脚の動きやサッカーボールを蹴る動きです。

　スプリント走では前方の脚で地面をとらえるときに、大腿四頭筋が強い力を出して体を支え、後方の脚ではハムストリングスが膝関節を素早く折りたたむことで脚の慣性モーメントを小さくすると同時に、大臀筋がメインとなって股関節を力強く伸展します。それぞれの筋肉の働きにかなった動きです。

　スクワットの動作では、大腿四頭筋とハムストリングスの関係は多少複雑になります。立ち上がり時は、股関節と膝関節が同時に伸展します。ハムストリングスは股関節の伸筋ですが、膝関節に対しては屈筋ですので、このときには使わず、股関節の伸展はもっぱら大臀筋に任せた方が効率的にみえます。しかし実際には、ハムストリングスも使われます。このとき、大腿四頭筋が膝を伸ばすために力を出し、ハムストリングスは大腿四頭筋の膝を伸ばすはたらきに耐えながら伸張性筋力を発揮し、大臀筋と協力して股関節を伸ばすはたらきをします。大腿四頭筋、大臀筋、ハムストリングスの「共収縮」が、力強い立ち上がり動作やジャンプ動作を生み出します。反面、このことがハムストリングスの肉離れなどの障害の要因になります。

　また、体幹の伸展（後屈）も同時に行われます。そのときには体幹を安定させる腹筋群（主に腹直筋）と背筋群（主に脊柱起立筋）、それに下腹深部の腸腰筋（大腰筋＋腸骨筋）も使われます。大腰筋は股関節をまたいで上半身と下半身をつなぎ、スクワットで腰椎の正常な状態を保つために重要な働きをしています。

　黒人の大腰筋は他の人種より3倍太いという研究報告があります。そのことが、彼らが陸上のスプリント競技向きというスポーツ適性に関わっているようです。この大腰筋はスクワット（パラレルかフル）で太くすることができます。

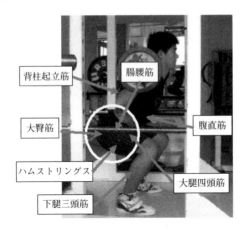

1.2　スクワットの挙上スタイル

スクワットでは可動範囲（最下点の位置）によって、以下のように4つの分け方があります。

　　①フルレンジ（完全にしゃがみ込む）

　　②パラレル（太ももが水平になるまでしゃがむ）

　　③ハーフレンジ（膝が直角になるまでしゃがむ）

　　④クォーターレンジ（立った状態から1/4までしゃがむ）

可動範囲の大きなフル（以下、「レンジ」は略す）やパラレルは「筋肥大効果が大きい」です。筋肉量を増やす条件はメカニカルストレスを最大に利用することですが、筋肉は長く伸びたポジションで伸張によるストレスが大きいということがわかっており、スクワットではしゃがみきったところになります。

一方、メカニカルストレスを上げるために高重量を使っても、可動範囲の小さな動きでは力学的仕事量（力×距離）が小さく、筋肉のエネルギー代謝量も減少してしまいます。エネルギー代謝量が小さいトレーニングでは、無酸素性代謝物（乳酸など）の蓄積や成長ホルモン、性ホルモンなどの分泌はそれほど促されず、化学的な刺激による筋肥大の効果は小さいのです。

もう一つ重要なのは、筋肉は動かす範囲で強くなるということです。ハーフやクォーターばかりでトレーニングしていると、パーシャルでは200 kgを上げることができても、フルでは100 kgも上がらないということが起きるのです。ハーフやクォーターで動かす範囲内では、200 kgの重量に耐えうる筋力

|　　　　フル　　　　|　　　パラレル　　　|　　　ハーフ　　　|　　クォーター　　|

が出せますが、それ以外の可動域では同様な筋力を発揮することができません。

　フルやパラレルにはスティッキングポイント（動作範囲の中で、筋力に対する相対的負荷が最も大きくなる位置）があり、そこを通過して動かすことは、筋肉量を増やすために最も有効であり、また全可動域での筋力アップにつながります。ただし、フルの一番深いところから、スティッキングポイントまでは力が抜けやすく、腰痛への注意が必要です。

　これらを踏まえたうえで、スポーツ特性に合わせた使い分けをします。ハーフやクォーターは主に膝関節の負担が大きく、サッカーやバレーボールに有効です。フルやパラレルは主に股関節に負担がかかり、陸上のスプリンターやスピードスケートの競技特性に合っています。

1.3　スクワットの力学

　私たちは「筋肉の収縮によって骨を関節まわりに回す」ことで運動を行います。アームカールを考えるとわかりやすいでしょう。スクワットではバーベルが垂直方向に直線的に動きますが、これも骨が各関節まわりに回ることの組み合わせです。このときに各関節まわりに作用する力を回転力（トルク）といいます。トルクはトレーニング動作だけでなく、スポーツ動作を考える上でも重要です。

　今、ある関節と骨を、単純に支点のまわりを回転するレバーとみなします。骨の上で力または重量負荷のかかる位置（力の作用線）と関節（支点）との垂直距離を「モーメントアーム」といい、関節の回転力は以下の式で表されます。

$$T = F \times M$$

　　　T（トルク）：関節の回転力（関節を回転させる力）

　　　F（力）：作用する力（バーベル・ダンベルなどの重量に働く重力）

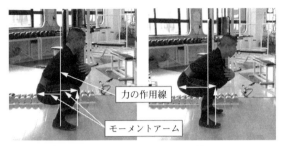

基本フォーム　　　　　　　股関節スクワット　　　　　　膝関節スクワット

　　　M（モーメントアーム）：回転の中心と力ベクトルとの垂直距離（重量と
　　　　　　　　　　　　　関節の水平距離）

　この式から、作用する力としてのバーベルやダンベルの重さが同じ場合、ト
ルクはモーメントアームの長さに比例することがわかります。モーメントアー
ムが長くなれば、それだけトルクも大きくなります。

　スクワットの場合、負荷による力の作用線はバーベルと体重を合わせた全体
の重心を通る垂線です（上図）。この線と、股関節、膝関節それぞれとの水平
距離がそれぞれの関節まわりのモーメントアーム長です。モーメントアームが
長いほど、その関節に作用するトルクは大きくなります。

　基本フォームは、しゃがんだときの股関節までのモーメントアームが膝関節
よりも長くなるので、このとき膝はつま先の真上です。基本フォームは太もも
全体とお尻をバランスよく鍛えます。

　基本よりも股関節までのモーメントアームを長くし、膝関節までを短くする
ほどに、大臀筋とハムストリングスを使い、背筋と腰への負担が増してきます
（股関節スクワット）。ただし、作用線の真上に膝がある場合でも、大腿四頭筋
を全く使わないわけではなく、上に述べたように実は大腿四頭筋はハムストリ
ングスと協働して股関節を伸展する力を発揮しています。

　逆に膝をつま先より前方に出すようにすると、より大腿四頭筋を使い、膝の
負担が増してきます（膝関節スクワット）。

　これらの3つのフォームも、スポーツ特性に合わせて使い分けることができ
ます。興味深いのは、同じ基本フォームの説明をしても、その選手のスポーツ
競技の特性に合ったフォームになる傾向があります。バレーボールでは膝関節、

━━━━ ケガからの回復を早めるスクワットの利用法 ━━━━

　3つのフォーム（基本・股関節・膝関節）を利用してスクワットをすることで、ケガからの早期回復を図ることができます。私は以前、交通事故で膝を痛めてしまいました。2ヵ月間まったく脚のトレーニングを行うことができず、その間太ももの筋肉がかなり落ちました。しかし工夫してトレーニングすることで、3ヵ月ほどでまったく膝の痛みもなくなり、筋力・筋肉量も元に戻り、今でも快適な状態を保っています。

　まず、自体重だけのヒンズースクワットを行い、徐々にバーベルを担いで行うようにしました。バーベルスクワットを再開したときには、あえて基本から外れて、膝に負担がかからないよう股関節スクワットを行いました。膝の回復状況をみながら、少しずつ基本に戻していきました。腰に不安をかかえている人の場合には、腰に負担がかからないようにして行う膝関節スクワットをするとよいでしょう。腰の回復状況をみながら基本に戻します。

　まずは基本を覚えてから、将来に備えて股関節スクワットや膝関節スクワットも覚えておくことを推奨します。しかし、極端な股関節スクワットや膝関節スクワットのやり過ぎで偏った筋肉を付けると、その筋肉に頼る癖がつき、逆の動きや基本をうまく行えなくなる場合があるので注意してください。

　スプリンターでは股関節に、より負担がかかるフォームになります。ハーフやクォーターでも股関節スクワットや膝関節スクワットがあります。基本を踏まえたうえで、その選手にとって競技動作につながるフォームを目指します。

2. スクワットの実施

2.1 構　え

(1)　手幅は肩からこぶし一つほど外側に取る

　スクリット（パワー）ラックに（直立して胸中上部の高さで）セットしたバーベルをバーの中心から左右対称の位置で握ります。手幅は肩（三角筋側面）からこぶし一つほど外側（肩幅の約1.6倍）に、肩関節が固くきつく感じる人は、それよりも広めにとります。あまり広くすると、担いだとき腕に力が入りにくく安定感をなくす場合があります。また、肩関節が柔らかい人でも極端に狭く持つと、手首や肘への負担が増します。

　野球やテニスなどのスポーツでは競技そのもので、手首、肘、肩の各関節に

バーを握る

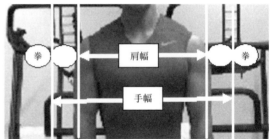

手幅は三角筋側面からこぶし一つほど外側

手幅の基本

狭い：肩幅

広い：肩幅の２倍

負担がかかっています。これらの関節に過度の負担をかけることは避けましょう。

(2)　バーの真下に入り、僧帽筋の一番厚いところに当てる

　手幅を決めたら、バーを僧帽筋の一番厚いところに当てます。それより上で担いだ場合、首に負担がかかり、また動作中、前にバランスを崩しやすいです。逆に、それより下で担いだ場合、肩・肘・手首の負担が増します。股関節のモ

頭を下げる

バーの下に入る

バーを肩に当てる

担ぎの基本　　　　　　　　　　下　　　　　　　　　　　　上

ーメントアームが短く腰の負担が少ないので、高重量を上げるには適しています。

　より安全に効果的に行うためには、肩関節の柔軟性に加えて胸郭や肩甲骨まわりの柔軟性も必要で、ストレッチは欠かせません。

(3)　肘を少し後ろへ引き、足を見てバーをラックから担ぎ上げ後ろへ下がる

　担ぐ位置が決まったら、僧帽筋の一番厚いところに固定するために、バーをしっかりと握り肘をバーの真下より少し後ろへ引きます。前に出し過ぎたり、後ろへ引くほどに肘・手首の負担が増します。

　次に、足を見ながら息を大きく吸って止め、体幹に力を入れてお尻を少し後ろへ引き、バーベルをラックから担ぎ上げます。股関節と膝は完全に伸ばし切らず、太ももの力が抜けないようにします。その位置から片足を1歩外側斜め後ろに引き、もう片方も引いた足の真横にとります。足の運びを見ながら、その場で左右1〜2回軽く動かして調整を行い、正確な足幅を決めます。足の運びはバーを担ぎ上げてから、ゆっくりと左右交互に3〜4回、5秒ほどです。

肘の位置の基本　　　　　　　　前　　　　　　　　　　　　後ろ

バーを肩に当てる　　担ぎ上げる　　後ろへ下がる　　動きのスタート位置　　お尻を引く

  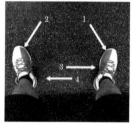

担ぎ上げ　　　　　　　1歩後ろへ引く　　　　もう片方を合わせる：スタート位置

（4）　足幅を踵で肩幅に取り、つま先を少し外側へ向け、前を見てお尻を後ろに引く

　「踵で肩幅」を基本の足幅とします。「気を付け」で、体側に手の平をつけた指先の真下に左右の踵がきます。このようにするのは、実際につま先で肩幅にする人もいて、ばらつきが出るためです。

　次に、つま先の方向を決めます。無理がないのは、両つま先が平行ではなく少し外側を向く形です。柔軟性や骨格などにより多少異なり、両足の母趾（親指）と踵を結んだ線が平行より「15 〜 30 度外側向き」を目安にします。こうすることで股関節が外旋し、しゃがんだときに膝が外反するのを防ぐことができます。足幅が広くなるに従って、つま先・膝は共に外を向きます。

　スタート位置でしゃがむ準備ができたら、自然に前を見るように視線を決めます。重量に挑戦し、より安定したスクワットを行えるようにするためには、「遠くを見る」、「ボーッと見る」といったイメージで行うことがあります。

　慣れてきたら、スムーズな動きにつながるように、やや上向きまたはやや下向きに調整したりします。しかし、足元の床を見るように極端にうつむくとまっすぐな背筋を維持し続けることが難しく、また極端な上向きで天井を見るよ

　　足幅の基本　　　　　　　　狭い　　　　　　　　　広い

　　親指と踵を結んだ線　　　　　　15 〜 30 度外側向き

前を見る

────────── 視線と効果 ──────────

　ボーッと前を見たり、目の前の壁や鏡のずっと遠くを見たりする方法は、脳の使い方を意識の世界から潜在能力を引き出す無意識の世界へ変えているのかもしれません。

　高重量でのスクワットでは、潜在能力を引き出すことの重要性を感じます。「火事場のバカ力」というのがあります。心理的な限界を超えて、潜在能力が引き出された状態です。筋肉が切れてしまう生理的な限界を100%とすれば、心が「もうダメだ！」「もう上げることができない」と思う、心理的な限界は70%ほどです。その差である30%をできるだけ少なくすることで、筋力発揮能力を上げることができます。それが無意識下にある潜在能力を引き出すことです。引き出し方として、火事場のように命に関わる危機的な状況に追い込むことの他に、叫び声のような大きな掛け声を出したり、レベルの高い人と一緒にトレーニングしたり、高重量に挑戦し続けて精神力を高めることなどがあります。

　車を走らせるときに、遠くを見ることで安心してスピードを上げることができます。逆に近くを見ながらスピードを出すと緊張感が高まってきて、アクセルを強く踏むことに躊躇します。スクワットにおいても重量に挑戦するときには鏡に頼ることなく、遠くを見るような目の使い方で、集中力が高まり安定した状態を体全体で感じることができます。そのようにして恐怖心に打ち勝つような精神状態になるということは、それはつまり潜在能力を引き出すことにつながります。セットポジションでの視線が潜在能力を引き出す入口のように思えます。

うな視線は首と背中に対する負担が増します。加えて、腹筋が伸びてしまい腹圧をうまく利用することが難しくなります。視線による頭の向きはその後の動きに影響が出るのです。

　そして、動きのスタート位置で少しお尻を後ろに引いた状態から、更に股関節と膝を適度に曲げてお尻を引きます。そうすることで、床からの反力を体全体で受け止め、足裏でバランスを取りながら、しっかりと重量を意識することができます。構えの完成です。

【ポイント】
・足裏でバランスをとる
　股関節や膝の曲げ過ぎに、気をつけます。過度になると太ももに効いてしまい、足裏への意識が低下してしまいます。

───── 脳と目 ─────

　頭蓋骨の中に入っている脳は、真っ暗闇の中で不安を抱えているようです。それだけでは外の世界を知ることができません。脳はすべて、体を通じて初めて外部と接することができます。目で見て、臭いを嗅いで、手で触って、耳で聞いて、物を食べて、それらを脳が受け止めています。その結果として脳が発達します。

　バイオリニストやピアニストは、手を動かす脳領域が、一般人に比べて広いそうです。これは、バイオリンやピアノを最初に始めたときから広いのではなく、練習を繰り返すことによって広くなったということです。「手を動かす」という脳部位が最初からあったのではなく、「手を動かした」ことによって、後からできた。つまり、「体あっての脳」といえます。体を使って行う筋トレにも大変重要な意味があるように思えます。

　成人の脳は約 1.4 kg の重さがあり、その脳には、140 億個の神経細胞（ニューロン）があるといわれます。それらはシナプスと呼ばれる神経細胞によって、互いにつながれています。体を通じて脳を使うことによって、この神経回路が強化されます。スポーツでもニューロンの強いつながりが促されます。スクワットによる目の使い方も、脳の使い方とつながっているように思えてきます。

（a）　足裏全体

　力の作用線が足裏全体の面の上に柱として垂直に立っています。つま先の 5 本の趾から踵までを床に密着させる意識を持ち、足裏全体の面でバランスをとります。初心者の指導に向いています。

（b）　土踏まず

　足裏の中で土踏まずを意識し、バランスをとります。その上に力の作用線が垂直に立っています。足裏全体に慣れたら、こちらへ変えます。

足裏全体の横幅

土踏まずの横幅

土踏まずの中心

スタートの基本　　　　　腰が前に入り過ぎた担ぎ　　腰が入り過ぎたスタート位置

（c）　土踏まずの中心

　中・上級者は、足裏の土踏まずにある中心の点をバーの芯の真下にします。動きをよりスムーズに行うことができます。

【注意点】

・腰が前に入り過ぎないようにする

　バーベルをラックから担ぎ上げるときやスタート位置で、腰が前に入り過ぎないようにします。真横の安定した状態をみると、股関節は力の作用線より後ろで、膝は前にあります。バーの芯と股関節が作用線上に揃うと安定しますが、それより腰が前に入るとバランスが崩れ、倒れやすくなります。腰を後ろに少し引いて適度に余裕を持たせ、股関節と膝を少しだけ曲げます。

　腰が前に入り過ぎた状態からしゃがむと、膝が前に出過ぎてしまい、動きでも不安定な状態になります。お尻を適度に引いた状態からしゃがむことで、より自然に安定した効果的な動きにつなげられます。

2.2　動き

　スクワットの動きは大きく、①しゃがむ、②立ち上がる、という2つです。うまくしゃがめれば、スムーズに立ち上がることができます。

（1）　股関節・膝・足首の順に曲げる（椅子に腰かけるイメージ）

　順番としては、まず股関節から使うために椅子に腰かけるイメージでお尻を後ろに引いてから、膝を曲げてしゃがみます。膝はつま先方向へ向けて曲げます。先に膝を曲げると、お尻を後ろに引きにくく、つま先付近で体を支えるようになり、踵が浮いてしまいがちになります。

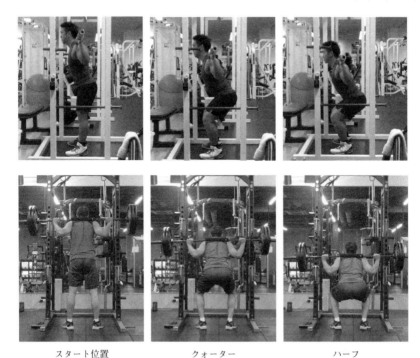

スタート位置　　　　　　　　クォーター　　　　　　　　　ハーフ

(2) 足裏でバランスを取りながら、深くしゃがむ

　足裏でバランスを取りながら、左右の膝をそれぞれのつま先方向に向けて深くしゃがみます。スタートからしゃがみ込むまで、足裏のバランスが前後に変わらないよう意識します。

(a) 足裏全体

　バーの芯は、つま先からかかとまでの間を動きます。初めのうちはしゃがみながら前方に動き、つま先寄りになる場合が多いです。この幅の中にバーの芯があればバランスはとれていますが、できればスタート時の鉛直方向の軌道を外さないようにします。土踏まずの中心の真上にあれば理想的です。

(b) 土踏まず

　バーの芯が土踏まずの間を動きます。しゃがみながら、その軌道が足首の外果（くるぶし）から母指球の方へ移動する場合があります。この範囲にあれば、十分に安定していますが、より安定するのは、土踏まずの中心の真上を動くこ

パラレル　　　　　　　　　　　フル

とです。

（c）　土踏まずの中心

　バーの芯が土踏まずの中心上、鉛直方向の作用線上を外れることなく動きます。レールに支えられたスミスマシンを使っているような軌道です。なかには筋トレを始めて、すぐにこのような動きができる人もいます。

（3）　しゃがみ込んだとき、膝はつま先の真上にくる（脛と背中の傾斜が平行）

　しゃがみ込んだときには膝はつま先、第 2 趾（足の人さし指）の真上です。バランスがとれているかどうかは、このときに「脛と背中の傾斜が平行」になるかどうかでチェックできます。

　上から見て、膝がつま先の真上より内側へ入ることを、「ニーイン・トーアウト」と呼びますが、この状態では膝に外反・外旋方向のストレスがかかり、障害の原因になります。

基本横

基本正面

膝がつま先の真上の内側

（4）バランスを保ち、股関節を伸ばしながら立ち上がる

　足裏でバランスを保ち、股関節を伸ばして、その後に膝・足首が自然に伸びる意識で行うと、安定して立ち上がれます。その間、前傾した体幹（背骨）はまっすぐに保たれた状態のまま垂直に向かいます。

【呼吸】
　初級者の呼吸法では、吸いながらしゃがみ、吐きながら立ち上がります。中・上級者は、重量が大きいため、呼吸を止めることになります。
　たとえば、バーをラックから担ぎ上げる前に息を吸い、止めたままで担ぎ上げ後ろに下がって足幅を決めます。足幅が決まったら息を吐き、しゃがむ前にもう一度胸（肺）を膨らませて大きく息を吸い込みお腹に落とすと、腹筋も含めて上半身（体幹）に力を込めることができます。
　そして、息を止めたままでしゃがみ込み、立ち上がってから息を吐きます。続いてしゃがむときにはすばやく吸い込みます。連続で行い息が上がって苦しくなったときは、立った状態で呼吸を整えます。以降は、1回目と同じ要領です。
　タイミングがズレたりすると、後頭部に痛みが出る場合があります。余裕のある重量で何度も練習をして、正しい呼吸を覚えましょう。

肺を膨らませて吸い込む　　吸い込んだままお腹に力を入れる

【速さ】
　初級者用として取り入れたいのは、安全に確実に効果を上げるためのスロートレーニング（スロトレ）です。中・上級者用としての基本は、2秒でしゃがみ、1秒で立ち上がります。しゃがむときはゆっくり等速で、立ち上がるときには素早く、爆発的に行うイメージです。

【ポイント】
・しっかりと深くしゃがむ。

【注意点】
・猫背、膝の絞り・出し過ぎ・引き過ぎに注意する。

"スポーツ Dr. から一言" スクワットの深さと膝の障害

　「フルスクワットすると膝の半月板を傷めるからやらない方がよい。パーシャル
か、せいぜいハーフスクワットで十分だ」

　トレーニングの現場でまことしやかに語られているウソです。フルスクワットで
半月板損傷を生じるという医学的根拠はまったくありません。半月板損傷や膝蓋大
腿関節の軟骨障害を生じやすいかどうかは、スクワットで下ろす深さではなくフォ
ームと関係します。無理のない重量で"理に適ったフォーム"で行えば心配はあり
ません。"理に適ったフォーム"は本文を参考にしてください。医学的に注意する
重要事項を4つ挙げます。

　　　①爪先と膝頭の向きを合わせる

　　　②立つときに膝を絞り過ぎない

　　　③膝からしゃがむか、股関節からしゃがむか

　　　④骨盤帯の機能に注意

　①と②は互いに関係する事柄で、膝を内側に絞るから爪先と膝頭の向きがずれま
す。初心者のうちにしっかりと正しいフォームを身につけてください。③の意識は、
人によって微妙に違ってきます。初心者のうちは股関節から"椅子に腰掛ける"よ
うにしゃがむとよいでしょう。パワーリフティングでは膝と股関節を同時に解放す
る人もいます。股関節周囲筋を傷めている人は、治るまではわざと膝を先に解放す
ることもあります。④の骨盤帯という言葉は耳にしないと思います。よく「股関節
の柔軟性」といいますが、正確ではありません。股関節と仙腸関節、下部腰椎は連
動して動いているので骨盤帯という概念でとらえるとよいでしょう。骨盤を中心に
上は体幹から下は下肢から大きな筋群が交差して集まっています。ここの機能が崩
れるとすべての運動パフォーマンスが低下します。スクワットはこの骨盤帯に集ま
る筋群の筋力を高める最高のトレーニングです。したがって"理に適ったフォー
ム"であれば深く下ろすほど筋肉は大きく使われるのでトレーニング効果も大きく
なります。

ベンチプレス

バーの芯・手首・肘・肩は一直線で垂直

①手幅は肩からこぶし一つほど外側に取る

ポイント
肩甲骨でバランスを取る
注意点
肩を浮かさない

⑥バーを見る

⑤肩甲骨を寄せ、胸を張る

④お尻・後頭部を台に付ける

③足裏全体を床に付ける

②つま先は少し外側に向け、膝の真下

吸う　呼吸　吐く

1. 胸の高い所に下ろす
2. 胸を張ったままで押し上げる

弓を引くイメージで下ろす

肩が上がらないようにする

ポイント
肩甲骨は寄せたまま、
胸の張りを保つ
注意点
バーが傾かない、肘が
バーの芯の真下から外れない

手首・肘はバーの芯の真下に保つ

1. 理　論

　ベンチプレスは胸の種目の中では最もポピュラーなものです。特にバーベルでのベンチプレスは基本中の基本です。

　スポーツ選手の場合、スクワットが強くなることで、太ももが生み出す力学的なパワーを高めることができ、下半身の力強い運動を行うことができます。そのパワーを末端の手先に伝える必要がある場合、体幹を含む上半身の筋肉を増強していかなければなりません。

　体幹の筋肉は、大まかに胸・背中・腹でできています。これらをしっかりと鍛えることで、たとえばボールを投げる場合、地面からの反力を受けて生み出された力は、体幹を通って減弱されることなく、指先まで伝えられます。このときベンチプレスで鍛えられる大胸筋が大きく関わっています。

　またベンチプレスの正しいフォームは、他のプレス系の種目にも簡単に応用することもできるものです。

スタート　　　　　　　　　　　　　　　　フィニッシュ

1.1　ベンチプレスにおける筋と関節のはたらき

(1)　肩・肘・手首の関節

　ベンチプレスでは、肩関節・肘関節・手首（手関節）の3つを使います。肩関節は股関節同様、いろいろな方向に曲げたり回したりできる球関節です。肘関節は複合関節（蝶番関節＋球関節）で2方向（屈曲・伸展と回内・回外）に動かせます。手首は2軸の楕円関節になっていて、肩関節に比べて、やはり動きに制

背屈と撓屈の基本

限があります。ベンチプレスはこれらの関節を同時に使う多関節（複合関節）運動です。したがって、効果を引き出すには、これらの関節のしくみを踏まえた動きをする必要があります。

　動作中、手首・肘を、握っているバーベルやダンベルのバーの芯の真下に持っていくことは、関節の構造上、非常に重要なことです。肩関節は自由度が大きく、そのため胸にバーを下ろす位置は上下にある程度の幅があります。それに比べると肘関節は2方向にしか動かないので、動作中常にバーの鉛直方向、真下に保ちます。

　手首の動きには2つの方向（軸）があります。1つは、手首を手のひら側と手の甲側に曲げる働きです。手のひら側に曲げることを掌屈、手の甲側に曲げることを背屈といいます。もう1つは、手首を親指側と小指側に曲げる働きです。親指側へ曲げることを撓屈、小指側へ曲げることを尺屈といいます。

　ベンチプレスでは、手首の背屈と撓屈が同時に行われています。手幅が広くなると撓屈に無理がかかります。また、指先で浅めに握ると背屈がきつくなり、手首を立て過ぎるとバーを胸に落としてしまう場合があります。

(2)　大胸筋

　ベンチプレスで主働筋として使われる大胸筋は、上半身の前部では一番大きく面積も広い筋肉です。

大胸筋の起始と停止

　起始：①鎖骨の内側半分、②胸骨前面（1〜6肋軟骨）、③腹直筋鞘の前葉

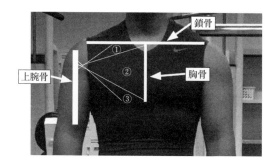

停止：上腕骨の大結節稜

　筋の両端の骨への付着部のうち、体の中心に近い方を起始といい、遠い方を停止といいます。大胸筋の起始と停止を理解すれば、ベンチプレスの正しいフォームがどういうものかのヒントを得ることができます。大胸筋の起始は鎖骨・胸骨・腹直筋の３つです。ベンチプレスでは、上腕骨の停止部からこれらの３方向へ、筋肉を最大限に伸ばした状態が構えの完成であり、動きのスター

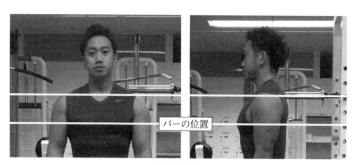

自然な状態

胸を張った状態

ト位置です。バーベルを動かしているときも常に胸を張った状態を保つことで、大胸筋をしっかりと使うことができます。

　バーを胸に付ける位置は胸の一番高いところで、基本的には乳首よりやや上です。胸郭や肩甲骨周りの筋肉に柔軟性があり、肩関節の可動域が大きく体幹（胸椎・腰椎）のアーチがうまくできる場合は、乳首よりやや下になることがあります。

　次に、大胸筋の働きを見てみます。

　　①肩の水平内転：腕を水平に上げて後ろから前に動かす
　　②肩の前方挙上：下げた腕を前に上げる
　　③肩の垂直内転：「バンザイ」から「気をつけ」までの動きで、広背筋も
　　　同時に使われる
　　④肩の内旋：肩を内側へ捻るように回す動きで、広背筋も同時に使われる

水平内転　　　　　　　　　　　　　　　　　　前方挙上

垂直内転　　　　　　　　　　　　　　　　　　内旋

　ベンチプレスの場合は、主に肩の水平方向の内転と肘の伸展が合わさった動きです。この動きはいろいろなスポーツ競技において重要で、たとえば床にうつ伏せに寝た状態から手を付いての立ち上がりがそれです。肩の内旋はボールを投げたり、テニスのサーブをしたりするときに必要です。ボクシングのストレートパンチもそうです。

　大胸筋はそれ自体の働きというより、他の筋肉と一緒になって、さまざまな肩関節の動きに関係しています。野球では大胸筋をつけ過ぎると肩関節の可動域が狭くなる、あるいは肩を痛めるという理由で、ベンチプレスが避けられたりしますが、球速を上げるのに大変重要な種目と言えます。

　肩の垂直内転と内旋では、広背筋が大胸筋の協働筋として同時に使われます。大胸筋（押す）と広背筋（引く）は互いに相反する「拮抗筋」の関係です。ボールを投げる場合は互いに協働筋として働きながらも、拮抗筋としては大胸筋がアクセル、広背筋がブレーキとして作用しています。この大胸筋と広背筋のバランスが崩れると、肩関節に悪影響が出る場合があります。

(3)　肩甲骨

　またベンチプレスには、背中にある肩甲骨も大きく関わります。効果を上げるためには、肩甲骨の固定の仕方が極めて重要です。一般的には「肩甲骨を寄せる」という表現をしています。

　肩甲骨は肩関節の土台であり、また、腕は肩関節から先だけ動くのではなく、肩甲骨が土台となることで、肩を介して大きく動かすことができます。そして肩甲骨には、①上下（挙上・下制）、②左右（内転・外転）、③回転（上方回旋・下方回旋）という３つの動きがあります（下図）。

　初級者は、上げるときに胸の張りを保ち、肩が浮いて前に出てしまうのを抑えることで、肩を痛めるのを防ぎます。「胸を張る＝肩甲骨を寄せる」です。

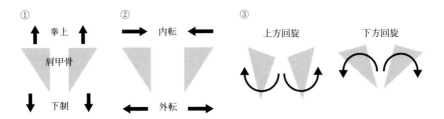

深呼吸をすることで簡単に胸を張ることができます。慣れてきたら肩甲骨を寄せるように意識することで、しっかりと胸を張ることができます。

　中・上級者では、下制・内転を意識して肩甲骨を寄せながら、下方回旋を行うことで、安全を守りながら高重量を上げることができます。

（4）　縦アーチと横アーチ

　体幹は基本的に反らしますが、反る箇所には腹と胸の2つがあります。腰椎を反らすと腹が、胸椎を反らすと胸が、それぞれのピークを作ります。胸椎の反りを主とした体幹の縦アーチと肩甲骨を寄せた胸の張りによる横アーチを作ると肩の固定ができ、安全で安定した押し上げができます。

胸椎の反らし　　　　　　　腰椎の反らし　　　　　　　胸椎＋腰椎の反らし

肩の外旋

前方に肘を伸ばした肩の外旋

前方に肘を伸ばした肩の外旋＋前腕の回内

前腕の回内

正面

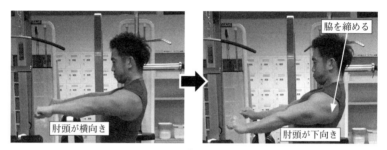

横面

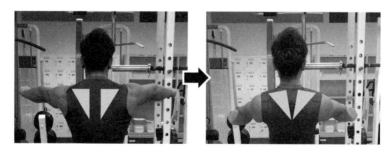

後面

ベンチプレスでの肩甲骨の下制・内転・下方回旋・肩の外旋・前腕の回内

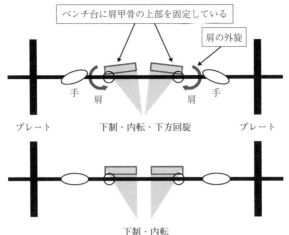

ベンチ台に肩甲骨の上部を固定している

肩の外旋

プレート　　　　下制・内転・下方回旋　　　　プレート

下制・内転

構えでの肩甲骨のイメージ

バーの握り方

　ベンチプレスでのバー（シャフト）の握り方はいろいろあり、共通しているのは、「バーの真下に手首がくる」ということです。手首を痛めないためです。

　初級用の基本では、5本の指でしっかりとバーを握ります。親指と他の4本の指でバーを包み込んで行うオーバーグリップ（順手のサムアラウンド：クローズドグリップ）です。親指が4本の指と同じ方向（サムレス）でバーを握る方法（オープングリップ）は、安全面から勧められません。

サムレスグリップ　✕

サムアラウンドグリップ　○

　サムアラウンドグリップでは、中・上級者用として以下の２つがあります。
　（1）肘を外側へ張るようにして握る
　（2）肘を内側に絞るように握る
　（1）では、親指と人差し指で強く握り、小指側は軽く握って、肘を外側へ張って脇を開けます。（2）では、小指側を強く握り、親指と人差し指は軽く握って、肘を内側へ閉じ脇を絞ります。

握りの基本　　　　　　　親指側を締めた握り　　　　　小指側を締めた握り

　このような握り方には、前腕の回内と回外も関わってきます。親指側を締めた握り方では、握りの基本に対して前腕の回内も同時に行われています。小指側を締めた握り方では前腕の回外も同時に行われ、肩甲骨の内転と下方回旋をスムーズに行うことができます。胸の張りの横アーチと体幹の縦アーチを更に大きくすることができます。バーは前腕の回内では橈骨上に、回外では尺骨上にあります。
　縦・横のアーチは、胸郭・肩甲骨周り・肩関節・体幹（胸椎・腰椎）・骨盤周り・股関節などの体型、柔軟性や上記のような使い方に影響を受けます。
　経験を積み重ねることで、パズルの各ピースをはめ込み完成させるイメージで、自分にとってのより良い方法を見つけましょう。その過程で、ベンチプレスの記録が伸び、大胸筋の発達が促されることもあります。

1.2　手幅と効果

　バーベルでのベンチプレスではグリップの広さ（手幅）が大変重要で、標準的手幅は肩幅の 1.6 倍とされています（p. 58、3.4 節 3)参照）。これはプレス方向の力発揮が最大となる手幅と考えられており、大胸筋が 70%、上腕三頭筋や肩（三角筋前部）が 30% ほどの寄与率となります。これよりさらに手幅を広くすると、肩関節から手までのモーメントアームが長くなって胸には効きますが、手首に対する負担も大きくなり、ケガや故障につながるということには注意してください。

―――――― バーが胸に付いたところ ――――――

①真上から見て、バーを胸の下部（腹側）に下ろした場合：胸の下部の真横に手がある

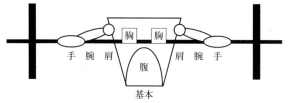

②真上から見て、バーを胸の上部（首側）に下ろした場合：胸の上部・肩の真横に手がある

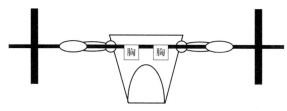

2. ベンチプレスの実施

2.1　構え

(1)　ベンチ台に仰向けに寝て、バーの真下に目がくるようにする

　初級者にはベンチ台に仰向けに寝て、バーの真下に目がくるようにすると、ラックの出っ張りを気にすることなくバーベルを押し上げることができます。ベンチ台によって、ラックの形が異なりますが、これを基本とすることで、だいたいのベンチ台に対応できます。基本の位置より手前過ぎると、ラックから肩の真上まで、バーベルをセットするまでの距離が長くなり不安定です。また、入り過ぎると動作中ラックの出っ張りにバーが当たります。調整して、自分にとって最適な位置を見つけます。

　高重量を扱う場合には、ラックの形状によって制約を受けますが、バーの真下に鼻や口、または顎がくる場合があります。これは、ラックからセットポジション（下げる前のスタートの位置）までの距離を短くして、余分な力を使うことなくより安全に構えやすくするためです。

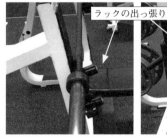  

出っ張りが長い　　　　　出っ張りが短い　　　　　出っ張りがない

寝る基本の位置　　　　　手前すぎ　　　　　　　　入りすぎ

手幅の基本　　　　　　　ワイドグリップ　　　　　ナロウグリップ

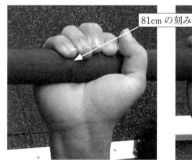 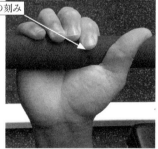

小指がかかっている　　　　　　親指と人差し指の股がかかっている

(2)　手幅は肩からこぶし一つほど外側に取る

　手幅は、先に述べたように、肩幅の約1.6倍に取ります。この基本の手幅で、胸を主導筋として使いながらも、肩・腕の筋肉もバランス良く発達させることができます。パワーリフティングの場合は、バーに彫り込んだ81 cmの印に指がかかるというルールがあります。高重量を上げて、記録を狙う場合には印を親指と人差し指の股にかかるようにして握るという、ルールギリギリまでの調整を行う選手もいます。身長が170 cmくらいの人であれば、左右の小指が印に触れるくらいで肩幅の1.6倍ほどです。

(3)　足幅は肩幅で、つま先は少し外側に向けて膝の真下にし、足裏全体を床に付ける

　ベンチに座っているときに、足の位置を確認します。つま先を少し外側へ向けます。そのつま先を膝の真下へ持ってきます。ここが一番力の入るところです。踵が膝の真下へ来るかそれ以上に出てしまうと、足裏で床を押し込むようにして床反力を利用したときに、足が前に滑ってしまうことがあります。つま先を膝の真下より引き過ぎると腰に過剰な負担がかかります。

　ベンチ台に寝ると直接足を見ることができないので、感覚をたよりに足の位置を決め、足裏全体をしっかりと床に付けます。初級者は足裏全体を床に付けたとき、背中をベンチ台に固定して安定させ、背中を主にして、足裏全体とでバーベルを支えます。中・上級者は足裏で床反力を捉え、力がバーに伝わるようにします。胸以外の筋肉も十分に働かせることで、高重量を上げることができきます。「ベンチは背中・脚で上げる」といわれることもあります。

正面

横面

足の基本の位置

足の基本の位置

前すぎ

引きすぎ

足幅の基本

ナロウスタンス

ワイドスタンス

(4)　お尻・後頭部をベンチ台に付けて体幹を反らし、肩甲骨を寄せて胸を張る

　腰への負担を軽減するために、基本的にはお尻をベンチ台に付けて行います。また、頭を上げて後頭部をベンチ台から離してしまうと、胸の張りができにくくなるので、後頭部もベンチ台に付けるようにします。

　初級者は、胸を張って背中全体を台に付けて行います。胸を張っていることで、簡単に肩甲骨を寄せ、横アーチを作ることができます。このとき、お尻の力はほとんど入っておらず、体幹はほぼまっすぐになっています。

　中・上級者は、足裏で地面を押して上げるので、ベンチ台にお尻を付けたときに体幹の後屈（反り）の柔軟性がある方がより力が入ります。このとき胸の張りも更に大きくなって、意識して肩甲骨を寄せて行います。胸郭の裏側の表面にある肩甲骨を内側へスライドさせ、バーに腕で圧をかけて固定します。

　さらに高重量を上げるためには、積極的な体幹の縦アーチを利用し、足裏の土踏まずの中心に力を入れます。ただ、重量を上げることにこだわり過ぎると、

背中全体で寝る

肩甲骨全体で寝る

肩甲骨上部で寝る

縦と横のアーチ

お尻の浮かし

胸の主働筋としての働きが少なくなり、体全体の筋肉を使ってしまいます。ベンチプレスはあくまでも大胸筋のトレーニングです。

(5)　バーを見てラックから押し上げ、肩の真上に持ってくる

　慎重にバーをラックから押し上げ、肩の真上に移動して静止します。そのときに、バーを見るのは、バランスがとれた状態の確認のためです。

　真横から見たときに、バーの芯・手首・肘・肩が一直線で鉛直方向になっていることを確認しておきましょう。

バーを見る

押し上げる

肩の真上に移動する

固定する（完成）

ラックから押し上げる　　　肩の真上に移動する　　　固定する（完成）

【ポイント】
・背中でバランスを取る
　バーをラックから押し上げるときには肩でしっかりと支え、肩の真上に持っ
てきたときには、肩甲骨によって面でバランスを取ります。肩でバランスを取
ると点で支えていることになり、不安定になってしまいます。

背中上部で支える　　　　　肩甲骨で支える　　　　　肩甲骨上部で支える

頭側へのズレ　　　　　　　　　腹側へのズレ

肩の抑え（正）　　　　　　　　肩の浮き（誤）

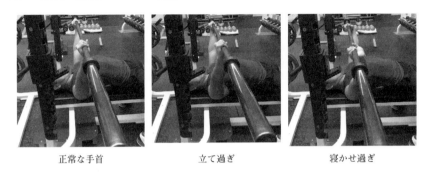

正常な手首　　　　　　　　立て過ぎ　　　　　　　　寝かせ過ぎ

2.2　動き

(1)　胸を張ったまま、バーの芯の真下に手首・肘を保ちながら下ろす

　胸を張ったまま、バーの芯の真下に、手首・肘を保ちながら下ろします。バーベルの軌道は緩やかな円弧を描きます。下ろすときには弓に矢をつがえて引

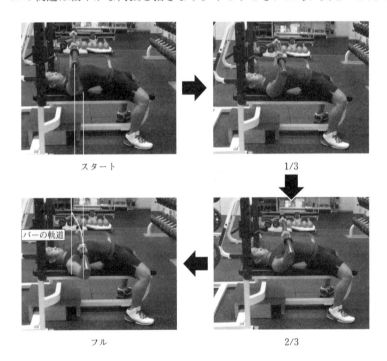

スタート　　　　　　　　　　　　　　　1/3

フル　　　　　　　　　　　　　　　　2/3

くようなイメージです。

　初級者の場合は一般的に、胸よりもまず腕に、そして肩に効きます。2〜3ヵ月継続して、それらの筋肉群がある程度強くなってから、胸に効くのがわかります。同じ多関節運動であるスクワットの場合、フルレンジで行うとその瞬間に、太もも全体とお尻に効くのがわかりますが、ベンチプレスの場合には胸に効いた感覚は得られにくく、効かせる感覚をつかむ努力が必要です。

(2)　バーを胸の一番高いところに付ける

　胸全体に刺激を与えるには、バーを胸に付ける位置も重要です。基本的には胸の一番高いところで、乳首よりやや上です。中・上級者は、体型や柔軟性などに応じて、力発揮をしやすいところに微調整をします。真横から見て、バーの芯・手首・肘が一直線で垂直になるようにします。

基本の位置　　　　　　　　肩寄り　　　　　　　　腹寄り

(3)　胸を張ったままで、押し上げる

　バーの芯の真下に手首・肘を保ち、左右を水平に保ち、肩の位置が動かないようにします。胸を張ったままで下ろしてきた軌道を戻します。

フル　　　　　　　　2/3　　　　　　　　1/3　　　　　　　フィニッシュ

【呼吸】

　初級者の場合、吸いながら下ろし、吐きながら押し上げます。中・上級者は、呼吸を止めて行います。ラックからバーベルを持ち上げる直前に息を吸い、止めたままでバーを肩の真上方向に移動します。バーをセットしたら息を吐き、もう一度吸い込みます。そして息を止めたままでバーを胸に付くまで下ろし、押し上げてから息を吐き、すばやく吸い込みます。

【速さ】

　初級者は、重量にはこだわらず上下各3秒で行います。中・上級者は"2秒"かけて等速で下ろし、"1秒"で素早く押し上げます。一気に押し上げることで、スティッキングポイントを速やかに抜け出します。バーベルが胸に落ちるような反動を利用する方法は、胸骨を痛めてしまう危険性があります。

【ポイント】
• 胸の張りを保つ

【注意点】
• バーベルが傾かないように注意して、肘がバーの芯の真下から外れないようにする

バーの傾き　　　　　　　　　　肘がバーの下から外れている

"スポーツ Dr. から一言" ベンチプレスの注意点

(a)　バーベルの握り方、持ち方に注意

「ベンチプレスを始めて 1 年近くになります。ようやく 90 kg が上がるようになった
のですが、手首が痛くなってバーベルを支
えられなくなりました」

　筋トレの中で最も取り組みやすいのがベ
ンチプレスです。始めて 3 ヵ月もすると胸
板が厚くなり体の変化も出てきます。ます
ます面白くなり頑張るようになり、高重量
に挑戦します。その頃にこの "手首の痛
み" が出てくることが多いです。多くの人
が一度は通る道です。痛みの原因は何かと
いうと、最も多いのが手根骨と橈骨で形成
される手関節の炎症（手関節炎）です。手
首を背屈強制するために関節構成体に小さ

手首が過剰に背屈　　　　手首を立てる

な傷が生じて、それを修復するための炎症です。3 週間も休めば治るのですが、皆
さん、なかなか休んでくれません。ときに三角軟骨損傷や舟状骨壊死の場合もある
ので、安静を 3 週間続けても痛むときは手の外科専門医を受診してください。

　どうして初心者に手首の痛みが起こりやすいか。それはバーベルシャフトの握り
方に問題があるからです。初心者は手掌の中心にシャフトを握りますが、上級者は
基部の掌底にシャフトを載せています。横から見ると初心者は手首が強く背屈して
いますが、上級者は手首が立っています（図）。

　手首を立てたほうが手首の負担も少なく、しかも力が伝わりやすくなります。さ
らにバンテージをすると手首を立てやすくなります。

(b)　バーベルの下ろし方に注意

　ベンチプレスを始めた頃は上げることに意識がいきます。本当に力が付くのはバ
ーベルを胸に下ろすときです。この下ろす動作が狂うと名人でも上げることはでき
ません。ベンチプレスの「成否は下ろしにあり」です。下ろす位置は手幅や身体の
柔軟性などによって異なりますが、だいたいは左右の乳頭を結ぶ線の上下になりま
す。

　また胸の上で弾ませて勢いをつけることもありますが、高重量で多用すると胸骨
柄の疲労骨折を生じることがあり、治療に難渋します。普段のトレーニングではバ
ーが胸に触れる程度がよいでしょう。

(c)　ベンチプレスは全身運動

　競技としてのベンチプレスを見るとわかりますが、上半身だけの運動ではなく全身の運動です。上背部はベンチに付いていますが、体幹は大きく反り、両足で床を踏ん張っています。だからこそ体重の倍以上の重量が上がるのです。腰痛で練習を休んでいる高校生が筋トレでベンチプレスをしていることがありますが、大間違いです。腰が治ってから行うべきトレーニング種目です。どうしても行いたいなら、背中全体をベンチに付け、膝を曲げて両足を浮かすフォームなら負担は少なくなります。しかしこのフォームは足の踏ん張りがないため、姿勢が不安定になるので初心者には危険です。

(d)　尺骨神経障害に注意

「ベンチプレスや腕立て伏せのときに肘にコリコリと音がします。痛みも伴い、小指側が痺れています」

　これは尺骨神経障害ですが、初心者、上級者に関係なく起こります。掌を上にして腕を伸ばした際に肘の小指側でコリコリと触れるコード状のスジがあります。これが尺骨神経で、通常は内側上顆という骨の裏側に収まっています。人によっては肘の曲げ伸ばしをすると、尺骨神経が内側上顆の溝から出たり入ったりすることがあります。この出入りのときにコリコリと感じるわけです。生まれつきのもので、

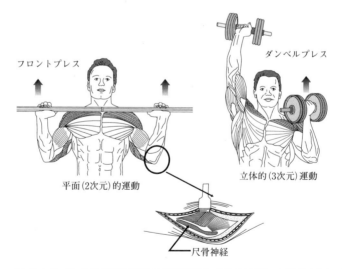

　バーベルによるプレスは前腕の回内外が制限されて尺骨神経にも牽引ストレスがかかりやすいので肘の屈曲を90度くらいまでに制限する必要がある。ダンベルだと回内外が自由なので、肘関節や尺骨神経への牽引ストレスが多少は軽減する。

2、3％に見られ、珍しいものではありません。

　普通に生活しているだけでは問題はないのですが、ベンチプレスでバーベルを持ち上げるときには問題となります。尺骨神経は前腕や上腕の筋肉の間を通っていますが、筋が固く収縮すると神経が筋肉で挟まれて絞扼された状態になり、バーベルを胸に下ろすときに神経が引き延ばされてしまいます。そうなると神経線維が傷付き、痛みを出したり痺れ感が出たりします。ちょうど家電のコードを抜く際にコンセントを持たずに、コードを引っ張るような状態になるわけです。

　対策はいくつかあります。たとえばシャフトの握り幅を広く持つことによって肘の屈曲角度を小さくします。またバーベルではなくダンベルに変えることも有効です。バーベルでは肘の動きが平面上に制約されますが、ダンベルでは肘の回内、回外動作が自由になるので尺骨神経への牽引ストレスが軽減されます（図）。

　最も重要な対策は筋の疲労回復をはかることです。神経の脱臼だけでは症状は出ませんが、上腕の筋間中隔や前腕部の神経入口部の線維化が起こると症状が出やすくなります。トレーニングの間隔を考え、疲労や炎症反応が十分に治まってから次のトレーニングをするとよいでしょう。「ちょっとでも余計にトレーニング」などと欲張って間隔を詰めて行うと、炎症が慢性化して固い索状物を形成してしまいます。こうなると手術が必要になります。どちらかというと初心者より上級者からの相談が多い障害です。

デッドリフト

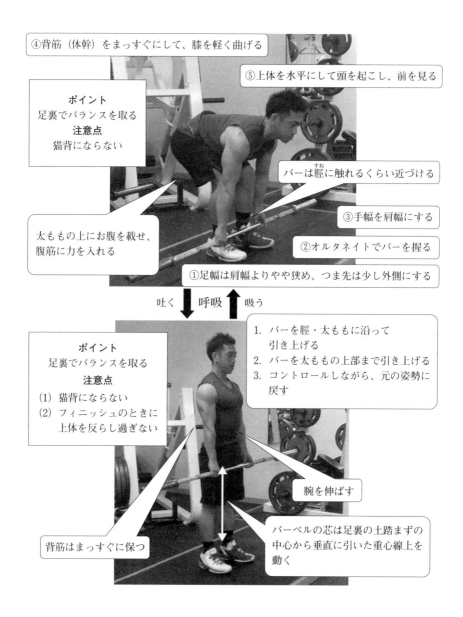

④背筋（体幹）をまっすぐにして、膝を軽く曲げる

⑤上体を水平にして頭を起こし、前を見る

ポイント
足裏でバランスを取る
注意点
猫背にならない

バーは脛に触れるくらい近づける

③手幅を肩幅にする

②オルタネイトでバーを握る

太ももの上にお腹を載せ、腹筋に力を入れる

①足幅は肩幅よりやや狭め、つま先は少し外側にする

吐く　呼吸　吸う

ポイント
足裏でバランスを取る
注意点
（1）猫背にならない
（2）フィニッシュのときに上体を反らし過ぎない

1. バーを脛・太ももに沿って引き上げる
2. バーを太ももの上部まで引き上げる
3. コントロールしながら、元の姿勢に戻す

腕を伸ばす

背筋はまっすぐに保つ

バーベルの芯は足裏の土踏まずの中心から垂直に引いた重心線上を動く

1. 理　論

　バーベルによるデッドリフトは、股関節伸筋（大臀筋・ハムストリングス）と脊柱起立筋を鍛える代表的な種目です。ベントオーバーロウの解説で、デッドリフトにも共通する箇所があります。比較しながら理解を深めてください。手幅の取り方はいろいろありますが、ここでは肩幅を基本とします。

スタート　　　　　　　　　　　　　フィニッシュ

1.1　ジャパニーズスタイルとヨーロピアンスタイル

　パワーリフティング競技では、ルールに従ってできるだけ高重量を使うために、全身の筋肉を使ったジャパニーズ（相撲）スタイルというフォームを取り入れることがあります。ワイドスタンスで行い、足幅（膝幅）を肩幅より広くとります。

【ジャパニーズ（相撲）スタイル】（ワイドスタンス）

　次ページの図で、(a)はワイドスタンスの中で最も足幅が狭くなっています。踵と膝は垂直に伸ばした腕の外側隣にあり、つま先は正面から30度ほど外側で、膝もその方向です。下半身は、主に大腿四頭筋・大腿二頭筋・大臀筋が、補助的に内転筋も使われています。スクワットでのワイドスタンスとほぼ同じです。

　(b)はプレートからつま先まで10 cmほどの距離があります。こちらの踵と膝は、(a)に比べて肩幅よりかなり外側にあります。つま先と膝の向きもより外側になり、正面から45度くらいです。(b)膝は正面ではなく外側を向いていて、脛の内側にバーが触れているように見えます。

　パワーリフティングでは、つま先をプレートの内側ギリギリまで持ってきます。こうすると上体の前傾が少なく、バーベルの移動距離も最短になり、より高重量を引き上げることができます。

　(a)と(b)を比較すると、明らかに(b)のほうが、上体が起きています。(b)の場合、引き上げるとき、フィニッシュするとき、または下ろすときに、足が外側に滑って足の指や甲にプレートが落ちてしまう危険性があるので、注意してください。前後のバランスが崩れるリスクも抱えています。このようなフォームの場合、下半身での筋肉で使われるのは、主に太ももの内転筋、補助的に大臀筋・大腿四頭筋・大腿二頭筋となります。

(a)　つま先がプレートから離れている

(b)　つま先がプレートに近い

スタート　　　　　　　　　　　　　　フィニッシュ

【基本：ヨーロピアンスタイル】（ナロウスタンス）

　以降では、ナロウスタンスのヨーロピアンスタイルを中心に説明します。基本はルーマニアンデッドリフトに近い方法で「最も脊柱起立筋に刺激をかけ、筋肉量を増やすことを目的とした基本フォーム」です。膝と踵は、垂直に伸ばした腕の内側隣にあります。高重量を使うときの応用フォームも説明します。

スタート

フィニッシュ

1.2　デッドリフトで腰椎にかかるストレス

(1)　正しいフォーム

　デッドリフトの正しいフォームでは、下図の左下のイラストのように骨盤を前傾してまっすぐに保ち、腸腰筋（腸骨筋＋大腰筋）をしっかり働かすようにします。背骨を丸めず少し反らすような感じでまっすぐにし、お尻を引いておじぎの姿勢を取ります。これにより力が腰椎の椎間板に均等に働き（下中央のイラスト）、腰痛を予防することができます。左上側の姿勢でも高重量を扱えますが、椎間板を痛める重度の腰痛を引き起こす危険性があります。

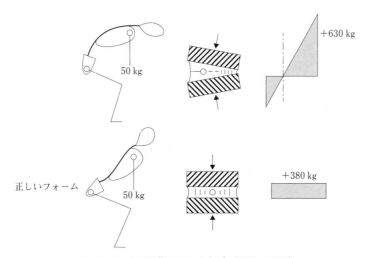
デッドリフトで腰椎にかかる加重（石井、1999）

たとえば、50 kg でデッドリフトを行う場合（前述の図参照）、下のフォーム
で行った場合、腰椎の椎間板全体に約 380 kg の均等な力がかかります。とこ
ろが、上のフォームで行うと、腰椎の内側の椎間板の一部に 630 kg ほどの強
烈な力がかかってしまいます。

デッドリフト、ベントオーバーロウ、スクワットなどでは、正確なフォーム
で行わないと軽い重量でも腰痛になってしまうことがあります。

(2) 正しいフォームでのスタート

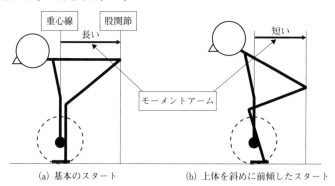

(a) 基本のスタート　　　　(b) 上体を斜めに前傾したスタート

スタートは、背筋を真っすぐにして上体を水平にした場合と、斜めに前傾し
た場合があります。股関節スクワットと似ていますが、もっと深くおじぎをし
た姿勢からスタートします。

基本のスタートでは、脛が垂直になるので、主に大臀筋とハムストリングス
が使われ、脊柱起立筋、腰への負担も最大になっています。右のイラストのよ
うに、上体を斜めに前傾したスタートでは、膝を前に出すことで大臀筋・ハム
ストリングスに加えて大腿四頭筋も使います。重心線から股関節までのモーメ
ントアームが短くなり、その分脊柱起立筋への負荷が小さくなります。高重量
を使うときには、このフォームを取り入れるのがいいでしょう。

1.3 フォームのいろいろ

(1) 基本のデッドリフト（ナロウスタンス：初級者用）

このナロウスタンスでのデッドリフトが、初級者の基本フォームです。スタ

| スタート | バーが膝下 | バーが膝上 | フィニッシュ |

ート時は上体をほぼ水平にして、脊柱起立筋への刺激を最大にします。膝を曲げる角度は 150 度ほどで、ハムストリングスや大臀筋も使われます。「背筋を使って引き上げる」という意識を持つことが大切です。

(2)　高重量対応のデッドリフト（ナロウスタンス：中・上級者用）

| スタート | バーが膝下 | バーが膝上 | フィニッシュ |

　高重量を扱う場合、スタート時にはできるだけ下半身全体を使って、上体の傾斜を保ちます。膝がある程度伸びてから、主に背筋（脊柱起立筋）を使い、直立した姿勢でフィニッシュします。最初に脚で引き上げることをファーストプル、背筋で引き上げることをセカンドプルといったりします。

　(1)は初級者用、この(2)は中・上級者用、のようにフォームを明確に分けることで、レベルに合わせて、目的の筋肉に集中して効かせることができます。初級者が(2)のフォームを取り入れてしまうと、スクワットのような動きになってしまい、脊柱起立筋への刺激が少なくなります。

(3)　ルーマニアンデッドリフト（ナロウスタンス）

| スタート | バーが膝下 | バーが膝上 | フィニッシュ |

　ルーマニアンデッドリフトは基本に近いフォームですが、ハムストリングスが主に働きます。スタートのときに膝が伸びている分、腰への負担が増します。

(4)　ワイドスタンスデッドリフト

　ワイドスタンスのデッドリフトは、重心線から股関節までのモーメントアーム(a)とバーの移動距離(b)が極端に短くなります。これによって高重量でのトレーニングを行えますが、重量に見合うだけの筋肉量を発達させることは難しいです。パワーリフティング競技用、あるいは太ももの内転筋群の強化が目的です。

スタート　　　　　　バーが膝下　　　　　バーが膝上　　　　　フィニッシュ

モーメントアーム　　a

b　　バーの移動距離

1.4　ワイドスタンスのデッドリフトとフルスクワット

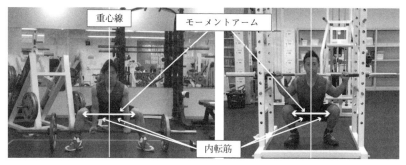

重心線　　　　　　　　モーメントアーム

内転筋

ワイドスタンスデッドリフト　　　　　　　　フルスクワット

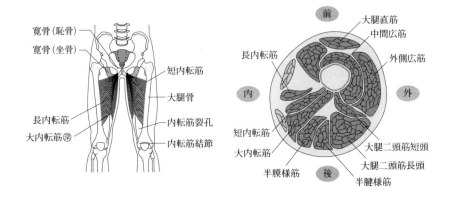

太ももの内側には内転筋群（主に大内転筋・長内転筋・短内転筋）があります。内転筋群は野球のピッチングやバッティング、バスケットボールのサイドステップ、また水泳の平泳ぎなどでも使われ、それらの補強運動としてワイドスタンスのデッドリフトやスクワットが有効です。

2.　デッドリフトの実施

2.1　構え

(1)　バーベルの手前に立ち、足幅は肩幅よりやや狭めにし、つま先をほんの少しだけ外側にする

　デッドリフトの基本の足幅は、ベントオーバーロウと同じですが、より高重量を使う種目です。力を発揮しやすい足幅とつま先の方向を身に付けるよう微調整します。

(2)　上体を前傾（屈曲）してオルタネイトでバーを握り、手幅を肩幅にする

　サムアラウンド（親指とそれ以外の指でバーを包み込むようにして握る）のオルタネイト（片手を順手、もう片手を逆手）グリップにすると、手からバーベルがずり落ちることなく高重量を扱うことができます。順手と逆手はセットごとに変えてもよいです。

(3)　背筋（体幹）をまっすぐにして、膝を軽く曲げる（バーは脛に触れるくらい近
づける）

　バーを握ったら背筋（体幹）をまっすぐにして、膝を軽く曲げます。そのと
きには、バーは脛に触れるくらい近づけます。

(4)　上体を水平にして頭を起こし、前を見て、足裏全体でバランスを取る（太もも
の上にお腹を載せ、腹筋に力を入れる）

　バーを脛に触れるくらいに近づけたら、お尻を上げて上体を水平にし、頭を
起こして前を見ます。足から 2 m ほど前の床面を見て、足裏全体でバランス
を取ります。このとき、太ももの上にお腹を載せて、腹筋に力を入れます。上
体（体幹）の脊柱起立筋と腹筋共に力が入った状態になります。

(1)　　　　　　　　(2)　　　　　　　　(3)　　　　　　　　(4)

2.2　動き

**(1)　両腕を伸ばし、背筋をまっすぐのまま、バーを脛・太ももに沿って引き上げ
る**（基本（ナロウスタンス））

バーが足首からのスタート　　　バーが膝下　　　　　バーが膝上　　　　　フィニッシュ

バーが脛の中央辺りからのスタート

　　　前ページの写真は、小さなプレートを使用するか、台に乗って足場を高くする場合で、バーが足首前にあります。大きなプレートを使用するときは、バーが脛の中央辺りの状態からスタートします。上体は水平ではなく頭の方が高くなるかもしれません。膝を伸ばしてルーマニアンデッドリフトのように行うと、バーは脛の中央にありながら、上体を水平にしてスタートできます。このやり方は、ハムストリングスと大臀筋の負担が増します。

　　スタートの位置からでも、両腕を伸ばし背筋をまっすぐに固定したままで、上体を起こしてバーベルを引き上げます。バーが脛から太ももの前面を這うように行います。真横から見ると、バーベルのバーの軌道は、足裏の土踏まずの中心から垂直に引いた重心線上をまっすぐにたどります。

　動作スピードは負荷によりますが、1〜2秒で「一気に」引き上げるようにします。

　　　　スタート　　　　　　　バーが膝下　　　　　　バーが膝上　　　　　フィニッシュ

(2)　直立して、バーを太ももの上部まで引き上げる

　直立して、バーを太ももの上部まで引き上げたときには、腕が垂直になっている場合と体全体が垂直になっている場合があります。脊柱起立筋の可動域をできるだけ大きくするためには、体全体が垂直になるまで引き上げます。腕が垂直になったところから体全体が垂直になるまでの間は、胸を張るようにして

腕が垂直のフィニッシュ　　　　　体全体が垂直のフィニッシュ

慎重に行います。そうすることで肩甲骨を寄せることができ、脊柱起立筋も意識しやすくなります。この間を速く動かすと、上体が反り過ぎてバランスを崩すことにつながるので要注意です。

(3)　コントロールしながら、元の姿勢に戻す

　戻すときにも、重心線上を外れないように下ろします。床にバーベルを下ろすときには、基本的に音が出ないようにそっと置くようにします。初級者は、背筋をまっすぐに保つように意識することで、脊柱起立筋に効かせることができます。

【ポイント】
・足裏でバランスを取る
　スタート時に、重心線が足裏の土踏まずの中心から前にずれると、腰への負担が増し、スムーズな引き上げができなくなります。また、バーが膝を過ぎたあたりから踵寄りになってしまうとバランスを崩しやすくなります。スタート時から足裏のバランスを意識します。

【注意点】
・猫背にならない
・バーを体から離さず、まっすぐに引き上げる
・フィニッシュのときに上体を反らし過ぎない

　　スタート　　　　　バーが膝下　　　　　バーが膝上　　　　　フィニッシュ

背中が曲がる悪い例

上体を反り過ぎたフィニッシュ

　引き上げ切ったフィニッシュ時の姿勢は、上体を反り過ぎないようにします。気合が入り過ぎると、ついついバランスを崩してしまいます。背筋の力が抜けて倒れたりしないように注意してください。

ベントオーバーロウ

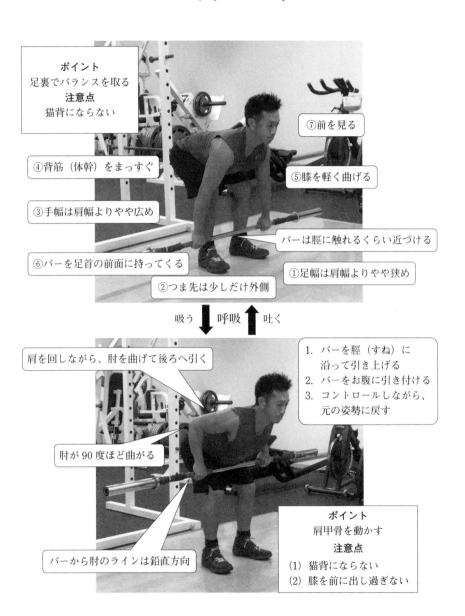

ポイント
足裏でバランスを取る
注意点
猫背にならない

⑦前を見る

④背筋（体幹）をまっすぐ

⑤膝を軽く曲げる

③手幅は肩幅よりやや広め

バーは脛に触れるくらい近づける

⑥バーを足首の前面に持ってくる

①足幅は肩幅よりやや狭め

②つま先は少しだけ外側

吸う　　呼吸　　吐く

肩を回しながら、肘を曲げて後ろへ引く

1. バーを脛（すね）に
　沿って引き上げる
2. バーをお腹に引き付ける
3. コントロールしながら、
　元の姿勢に戻す

肘が90度ほど曲がる

ポイント
肩甲骨を動かす
注意点
(1) 猫背にならない
(2) 膝を前に出し過ぎない

バーから肘のラインは鉛直方向

1. 理　論

　背中の重要な筋肉は脊柱起立筋と広背筋です。これらの背筋をバランスよく強化するためには、デッドリフトよりベントオーバーロウを行うことを推奨します。

1.1　ベントオーバーロウにおける筋と関節のはたらき

(1)　脊柱起立筋と広背筋

　脊柱起立筋は、腸肋筋（主に仙骨や腸骨と肋骨を結ぶ）、最長筋（頭や肋骨と腰椎を結ぶ）、棘筋などの総称です。これらは背中の真ん中を縦に走っている大きな筋肉群で、体の芯ともいえる部分です。その主な働きは、背骨を支え、体幹を固定し、脊柱の適切な姿勢を保つことです。ここがしっかりとしていなければ、ベントオーバーロウで広背筋をうまく使うことができないばかりか、腰痛を引き起こす恐れがあります。脊柱起立筋をうまく使うには拮抗筋である腹筋の強さも必要です。広背筋は脊柱と上腕骨につながっている、上半身の中で一番大きな筋肉です。

広背筋の起始と停止

　広背筋の働きには以下のようなものがあります。

　　①肩の水平外転：腕を水平に上げて前から後ろに動かす

　　②肩の後方拳上（伸展）：前に上げた腕を下方に引く

　　③肩の垂直内転：「バンザイ」から真横に腕を下ろして「気をつけ」までの動きで、大胸筋も同時に使われる

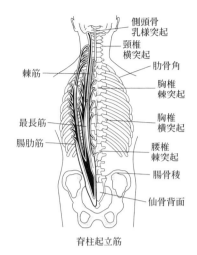

側頭骨
乳様突起

頸椎
横突起

棘筋

肋骨角

胸椎
棘突起

最長筋

胸椎
横突起

腸肋筋

腰椎
棘突起

腸骨稜

仙骨背面

脊柱起立筋

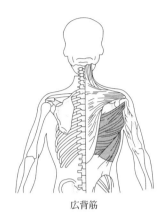

広背筋

水平外転

伸展

垂直内転

内旋

　④肩の内旋：肩を内側へひねるように回す動きで、大胸筋も使われる

　背筋の動きは、直接目で見ることができないので、頭の中でそれが動いているイメージを作ります。

(2)　ベントオーバーロウでの背筋の使い方

　ベントオーバーロウでは、股関節・膝関節・足首に加えて、肩関節・肘関節・手首の、合わせて6つの関節を使います。各関節のしくみについては、スクワットとベンチプレスの項を参照してください。

　ベントオーバーロウの引き上げる動きでは、肩を背骨の方へ寄せ（水平外転

スタート時　　　　　　　　　　　　　フィニッシュ時

広背筋を伸展した状態　　　　　　　　広背筋を収縮させた状態

と伸展)、肩甲骨を寄せる姿勢になり、脊柱と肩関節の距離が短くなります。

　脊柱起立筋を使って脊柱を固定することで、広背筋に力が入り正確に動かすことができます。つまり、広背筋と脊柱起立筋はつながってはいなくとも、結果的に連動します。

　強い負荷をかけるにはデッドリフトが、背中全体をまんべんなく鍛えるためにはベントオーバーロウが優れています。背筋は大きな筋肉であるため、機能的に上部・下部と分けて考えることができますが、筋肉そのものが分かれているわけではありません。ベントオーバーロウでは、手幅を広くして肘(脇)を開いた状態でバーベルを引き上げると背筋の上のほうを、手幅を狭くして肘(脇)を締めて引き上げると中央から下のほうをよく使うことになります。

背中の広がりと厚み

　筋トレを行っていると、背中の広がりと厚みの両方を欲しくなってきます。厚みは背骨の両脇に縦方向に付いている脊柱起立筋を鍛えることで、広がりは広背筋を鍛えることで手に入れることができます。広背筋にも厚みはありますが、脊柱起立筋が厚いほど広背筋の広がりと厚みも強調されます。したがって背筋では、脊柱起立筋と広背筋の双方を鍛えることが基本となります。

　ボディビルダーとパワーリフターとの体型を比較してみましょう。双方の競技特性によって、ボディビルダーでは逆三角形の背中の広がりを出そうとして、主に広背筋を発達させ、パワーリフターでは高重量を引き上げるデッドリフトを行うことで、主に脊柱起立筋が発達しています。どちらにおいても、厚くて広い背中を持っていることが勝利につながるので、一流といわれるような選手のほとんどはそれらを兼ね備えており、憧れの背中の象徴ともいえます。特にレベルの高い競技会を観戦するとそれがよくわかります。

　なかには、厚みがありながらも、なかなか広がりを手に入れることができない人がいます。広背筋が発達する前に、脊柱起立筋が過剰に発達した場合です。そのような人が、広がりを出すためにベントオーバーロウやフットマシンプルダウンに真剣に取り組んでも、思うように広背筋を発達させることができないようです。広背筋にオールアウトするような刺激を伝える前に、発達した脊柱起立筋に効いてしまうことがその原因と考えられます。こういったことを防ぐためにも、広背筋と同時に脊柱起立筋も鍛えることが必要です。ここに、早い段階からベントオーバーロウをしっかりと行う意味があります。

　アスリート自身もこういったことを理解して、競技特性に合った計画的なトレーニングを行いましょう。

(3)　肩関節と肩甲骨

肘を開いてのスタート　　脇を開いてのフィニッシュ　　肘を閉じてのスタート　　脇を締めてのフィニッシュ

　広背筋は肩関節を跨いでおり、肩関節を回しながら動かすことができますが、広背筋の動きには肩甲骨の動きが関わっています。それは肩甲骨が肩関節の土台となっているからです。構えで腕を伸ばしたままバーベルを浮かしたときに、肩を下へ落とすようにします。更に左右の肩甲骨を外側に開くようにして外転させると、広背筋を最大に引き伸ばすことができます。この状態から、肩甲骨を寄せて内転させ、肩と肘を上げるようにすると広背筋を最小に縮めることができます。

スタート　　　　　　　　　　　　フィニッシュ

　次ページの図に示すように、肩甲骨の動きに伴って、肩そのものの位置が移動します。腕は肩甲骨と肩関節（肩甲上腕関節）でつながり、肩が外側へ移動すること（肩甲骨の外転）で、より遠くに伸ばすことができます。すると上腕の上部に付いている広背筋の可動域も最大になります。逆に、肩甲骨を内側へ

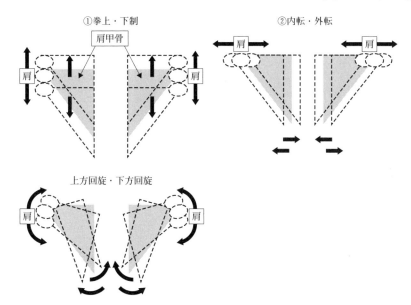

①挙上・下制　　　　　　　②内転・外転

肩甲骨

肩　　　　　　　　　　　肩

肩　　　　　　　　　　　肩

上方回旋・下方回旋

肩　　　　　　　　　　　肩

移動すること（肩甲骨の内転）で、広背筋の可動域を最小にすることができます（図中の②内転・外転）。

1.2　ベントオーバーロウの動作

(1)　スタートとフィニッシュの位置

　可動範囲をできるだけ大きくするのが基本で、動きをスタートする位置は大変重要です。スタートとフィニッシュのバーの位置は、3つに分けられます。

(a)　基本

足首前部スタート　　　　脛の中間　　　　　　太もも下　　　　　フィニッシュ

（b）　脛の前上部

　　スタート　　　　　　　脛上　　　　　　太もも中部　　　　フィニッシュ

（c）　太ももの前下部（太もも前面に沿って上げる）

　　スタート　　　　　　太もも下部　　　　太もも中部　　　　フィニッシュ

　脛の前上部や太もも前下部からのスタートでは、基本フォームより脊柱起立筋への負担が少なくなり高重量を扱うことができますが、広背筋への刺激は少なくなってしまいます。

　次ページ写真のように、基本(a)のスタート（①）から、太ももの前下部(c)のフィニッシュ（②）をするような動きでは、上体の動きは大きくなり、広背筋よりも脊柱起立筋への刺激が強くなりますが、デッドリフトのような高重量を扱うことができず中途半端です。まずは、基本フォームを覚えましょう。

①基本のスタート

②太ももの前下部のフィニッシュ

(2)　トルクコントロール

　トルクコントロールとは、モーメントアームの長さとウエイトの重さを調整し、筋肉にかかる負荷を最適にすることです。ベントオーバーロウでは、構えから、肩を支点にして回し、肘を引き上げるようにします。バーベル・手首・肘は一直線で、床に対して垂直にしたままで動かすことで、力学的な負担が腕にかからなくなります。

力の作用線

モーメントアーム

　広背筋の動きから見ると、

- 支点：肩関節
- 力点：広背筋の上腕骨付着部
- 作用点：バーベルの芯

　脊柱起立筋の動きから見ると、

- 支点：股関節
- 力点：脊柱起立筋の椎体や肋骨への付着部
- 作用点：バーベルの芯

となります。これらを調整してフォームを作ります。

　一般的に、バーをお腹に引き付けたところでは広背筋65%、脊柱起立筋35%程度の負荷がかかっています。背骨の傾斜、重量、手幅等によってこの

バランスは変わってきます。初級者は脊柱起立筋をほとんど動かさず背骨を水平に保ちますが、中・上級者は床を足で蹴るようにして反動を使って、床と背骨の傾斜が30度、もしくはそれ以上に上方向に動く場合があります。

2. ベントオーバーロウの実施

2.1 構え

(1) バーベルの手前に立ち、足幅は肩幅よりやや狭めにし、つま先をほんの少しだけ外側にする

基本の足幅　　　　　　　　狭い　　　　　　　　広い

　足幅を「肩幅よりやや狭め」にして、つま先を「ほんの少しだけ外側」から「5〜15度」外側に向けます。膝はスクワットと同様に、足の人差し指(第2趾)の向きです。安全面・効果面を同時に考えた基本の足幅で、太ももの上にしっかりとお腹を載せることで、骨盤とつながっている筋肉すべてに力を入れることができます。

(2) 上体を前傾して順手でバーを握り、手幅を肩幅よりやや広くする

　次ページの3つの写真のそれぞれの手幅で引き上げた状態をイラストとともに示します。

　バーベルを引き上げたとき、基本的な手幅ではバーがお腹に、狭い手幅では下腹部、広い手幅では胸の一番下でみぞおちの上辺りに付きます。広背筋に一番効果的なのは基本の手幅です。ベンチプレスの手幅(肩幅の1.6倍)よりやや狭めです。狭い手幅では腕への負担が増し、広背筋を使いきる前に腕が疲れ

てしまいます。広い手幅では広背筋上部に効き、広背筋全体の可動域が制限されます。

　バーベルを握るときの基本は、サムアラウンドです。バーの握り方でフォームに影響が出てくる場合があります。

バーの手前に立つ　　　足幅を決める　　　前傾してバーを握る　　　手幅を決める

手幅の基本：正面　　　　　狭い　　　　　　広い

フィニッシュ時の手幅の基本　　　狭い　　　　　広い

　（a）の場合には肘までのモーメントアーム（イラスト中の重心線から垂直に引いた矢印）があり、広背筋を使いながらも、同時に腕（上腕二頭筋）も使ってバーベルを引き上げています。肘までのモーメントアームが肩までのモーメントアームより長くなり、肩より腕に強い負荷がかかっています。

　（b）の場合には重心線上に肘があり、モーメントアーム長が0になっていて、トルクも0となり、力学的には上腕二頭筋は力を出していません。その分、目いっぱい広背筋を使っています。肩までのモーメントアームが最長になり、ト

バーをしっかりと強く握った場合　　　　バーを指に引っ掛けた場合
（前腕に力が入っている状態）　　　　　（前腕の力が抜けた状態）

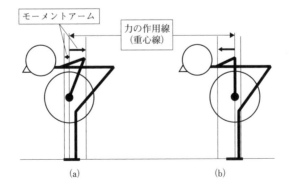

ルクも最大になっていて、広背筋に最も負荷が強くかかっています。

　バーを指に引っ掛けて前腕の力をできるだけ使わないようにすると(b)のフォームをつくりやすいでしょう。そのために、初心者では軽い重量を用いて、バーを強く握らず、指に引っ掛けるようにします。中・上級者は、バーを強く握っても、バーを引き上げたとき肘の真下にバーベルの芯があるのを意識することで、(b)のフォームで行えます。

　手幅が狭めで小指側を強く（親指側は軽く）握ると広背筋下部を、広めにして親指と人差し指側で強く（小指側は軽く）握ると広背筋上部を意識しやすくなります。

2.2　動き

(1)　背筋をまっすぐにしたまま、バーを脛に沿って引き上げる

　構えの完成した状態（動きのスタート位置）から、肩を回して肘を曲げて後ろへ引くイメージで肩甲骨を寄せ、バーを引き上げます。スピードは負荷によ

スタート

バーが脛の中央

バーが脛上

フィニッシュ

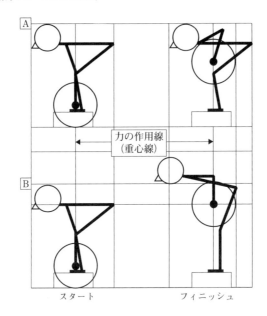

力の作用線
(重心線)

スタート　　　　　　　　フィニッシュ

りますが、反動をつけずに1〜2秒で引き上げます。まっすぐに保たれた上体の傾斜は基本的に水平か、もしくは頭のほうを少しだけ上にします。動作中、バー・手首・肘のラインは一直線で床に対して垂直です。広背筋の大きな動きを意識しながら、膝の曲げ具合を調整します。

　真横から見ると、バーベルのバーは足裏で床を押す力の作用線（重心線）上をまっすぐ上がります。肘関節は伸びた状態から曲がっていきますが、肘の真下にバーベルのバーがあり、肘まわりのモーメントアーム長も0、関節トルクも0であるため、腕の力を使うことなく広背筋を最大に使えます。

　上の模式図のA・Bいずれも、バーベルは力の作用線上を垂直方向に動いていますが、Aでは、体全体を固定してバーベルを引き上げています。Aのフィニッシュの状態では、肘が力の作用線よりも右側にあるため、広背筋だけでなく、腕（上腕二頭筋）も使って引き上げています。

　Bでは、膝を伸ばして脛を床に対して垂直に立て、力の作用線上に肘がきて、上体は前方に出ています。このとき、肘は曲がっていきますが、上腕二頭筋はほとんど力を出すことなく、広背筋を最大に使うことができます。

(2)　バーをお腹に引き付ける

　バーをお腹に付けたときには肘の関節角度は 90 度ほど、バーから手首・肘のラインは垂直になっています。背中はまっすぐな状態を保ち、水平かまたは頭のほうが少し高い状態です。このとき、初級者では力の作用線がつま先側の母指球辺りへくるケースが多く見受けられます。それは脛にバーが当たるのが気になり、バーの軌道と脛の間の距離を保とうとするためです。

　中・上級者では、力の作用線が足首に触れるほど近くで行うことができます。経験を積み上げることで、バーが脛を這うようにして引き上げることができるようになります。これにより重心が安定して、より高重量を扱うことができます。更に実践を積み重ねることで、自分にとって最適なフォームを見つけるようにします。

【呼吸】

①初級者

　引き上げるときに、肺を大きく膨らませるようにして息を吸うと、広背筋をしっかりと縮めることができます。下ろすときには、息を吐くことで広背筋の可動範囲を大きくすることができます。「吸いながらバーを引き上げ、吐きながら下げる」（フォーム優先）というように呼吸を優先します。より高重量に挑戦していくにつれ、「バーを引き上げながら吐き、下げながら吸う」（力発揮優先）ことが必要になり、動作に呼吸を合わせるようにします。

②中・上級者

　高重量に挑戦するために、呼吸は動作の前に大きく吸って止め、そのままバーベルを引き上げ、下ろしてから吐きます。

第 4 章 筋トレの効果を高めるために

4.1 ウォーミングアップとクーリングダウン

　筋トレをスムーズに進めて、気持ちよく終了するには、ウォーミングアップ（準備運動）とクーリングダウン（整理運動）が必要です。

　ウォーミングアップを行うことで、体温を引き上げて体全体の血流を促し、スムーズにトレーニングに入るための準備をします。

　簡単にできるウォーミングアップに、その場足踏みがあります（図 4.1）。太ももを水平になるくらいまで上げ、50 回ほど行いながら血流を促進します。同時に、体のどこかに違和感がないかどうか、気持ちよくできているかどうかを確かめるようにします。その場かけ足はもう少し負荷を強めにできます。

　ウォーミングアップの後には、ストレッチング（後述）を行います。ストレッチングにもウォーミングアップとしての働きがあります。

図 4.1　その場足踏み（左）とその場かけ足（右）

図4.2　有酸素トレーニングマシン

　筋トレ終了後には、クーリングダウンを行うようにします。クーリングダウンの目的は、血流を促進した状態での「筋肉のほぐし」です。筋肉内に溜まった代謝物質を除去し、また、筋トレの後の気持ちよさを確認することができます。この後に、ストレッチングを行うとさらに効果的です。

　ウォーミングアップやクーリングダウンに、各種の有酸素トレーニングマシンを活用する方法もあります（図4.2）。

　ウォーミングアップとクーリングダウンの負荷強度は、心拍数が110/分まで、時間は3分程度で行うようにします。最近のほとんどの有酸素トレーニングマシンでは、心拍数が画面上に表示されるようになり、簡単に測定することができます。自分で手首や首の血管を抑えて脈拍を測ってもよいです。

4.2　ストレッチング

1)　ストレッチングの効果とメカニズム

　運動は大きく3つに分けられます。
　　①筋肉づくり運動
　　②持久力づくり運動
　　③柔軟性を高める運動

　ストレッチングは、筋トレにも技術練習や走り込みなどにも関わってきますが、直接的に筋肥大や心肺機能の向上をもたらすわけではありません。柔軟性を高めて、筋トレの効果や競技力の向上をもたらすのです。また、ケガや故障のリスクを減らしてもくれます。

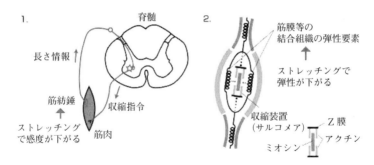

図4.3　ストレッチングによる柔軟性向上のメカニズム（谷本他、2009）

また加齢によって自然に体が硬くなり、筋力の低下とともに柔軟性も低下して、転倒のリスクが高まることが研究で報告されています。ストレッチングは高齢者のQOL（Quality Of Life：生活の質）の向上にも大きく貢献しています。

　ストレッチングを行うと、筋肉の長さの変化を感じ取るセンサーである筋紡錘の感度が下がり、筋肉の緊張が低下するとともに筋肉以外の筋膜といった結合組織なども緩みます。これによって、柔軟性が向上します。また、関節の可動域を広げることができます。これは一時的なことではありますが、継続しているうちに長期的な変化を生み、柔軟性のある体に変えることができます（図4.3）。

2）　静的ストレッチングの基本と応用

　スクワットの前には、上体の前曲げや後ろ反り（前後屈）、開脚などの反動を使わない静的（スタティック）ストレッチングをしっかりと行い、骨盤と股関節の柔軟性を高めることが一般的です。これによって、体の部分的な動きの改善を図り、基本フォームに近づけることができます。

　しかし、小・中学生の子供のときからの体が硬い人は、なかなか基本フォームどおりにはなりにくい傾向があります。スポーツで大活躍している選手にもいますが、彼らは理想的な基本フォームに近づけようとすればするほど、思うようにできません。結果、筋トレが嫌いになる心配もあります。このような場合、その選手の身体的な特徴に、基本フォームを合わせていく方法をとります。その選手の骨盤や股関節の状態に合わせて、他の部分をうまく使うようにする

のです。

　スポーツで活躍できている選手は、骨盤まわりや股関節が硬くても、体全体が硬いのではなく、肩や肩甲骨まわりの可動域が大きかったり、または背骨まわりの筋肉が軟らかかったりします。スポーツで活躍できているということは、何らかの柔軟性をもっているのです。たとえば、反動を使った動的（ダイナミック）ストレッチングがうまいため、「しなやかでキレのある動き」ができる、などです。このような場合、反動を使わない静的ストレッチングが、体全体の調和のとれたスクワットをフォローアップします。

　これらのストレッチングの選択には、現場の指導者の観察力や洞察力と、技術力向上につながる最適なストレッチングを行うための経験に基づいた感覚が必要です。子どもの頃から体全体の柔軟性を高めるストレッチングを行い、活躍することが理想であり、基本ではあります。しかし、その頃からずっと骨盤まわりや股間節が硬い体で活躍してきたならば、静的ストレッチングを優先してスクワットのフォームを基本のものに変えると、筋肉の付き方が変わってしまうかもしれません。すると、競技動作にも影響が出てくるはずです。急激な筋肉のバランスの変化は、競技動作の技術を崩すこともありえます。

　また、スポーツ界では一定期間に活躍して結果を出さなければなりません。したがって、競技動作をフォローアップする筋トレの方が有利であり、その筋トレをフォローアップするような静的ストレッチングが重要でしょう。

3)　ストレッチングの部位と方法

　反動を使わずに、正確なフォームで、ゆっくりと丁寧に力を抜いて伸ばします。

　ストレッチングを行う部位と主な筋肉は表4.1の通りです。

　ストレッチングには、反動を使った方法やパートナーと組んで行う方法などもありますが、ここでは基本として、反動を使わずに自分で行える簡単なストレッチングを紹介します。

　体の硬い人は、力んだ状態でストレッチングを行う傾向があります。まずは脱力をして、ストレッチングをする前に筋肉を緩めるようにします。最初に、手や足をブラブラと軽く振りましょう。筋肉が緩んでいるのを確認できます。

　各種目は、関節のしくみと筋線維の方向を理解し、正確なフォームで、ゆっ

表 4.1　ストレッチングを行う部位と主な筋肉

	部位	主な筋肉
1	胸郭	大胸筋・前鋸筋・広背筋・僧帽筋
2	肩甲骨まわり	大胸筋・広背筋・三角筋・僧帽筋・前鋸筋
3	肩関節	三角筋・僧帽筋・大胸筋・広背筋
4	背骨（胸椎・腰椎）	脊柱起立筋・腹筋群
5	骨盤まわり	大臀筋・脊柱起立筋下部・腹直筋
6	股関節	大腰筋・大腿四頭筋・ハムストリングス・大臀筋・中臀筋・小臀筋・内転筋群
7	首	僧帽筋・胸鎖乳突筋・頭板状筋
8	肘	上腕二頭筋・上腕三頭筋・上腕筋・腕橈骨筋
9	膝	大腿四頭筋・ハムストリングス
10	手首	手首の屈筋群・伸筋群
11	足首	腓腹筋・ヒラメ筋

くりと丁寧に行います。呼吸は動きに合わせるようにして、ゆっくりと吐きながら行います。できれば、笑うような心境で息を吐きながら、気持ちのよいところまで伸ばします。伸ばそうとする気持ちが出すぎると、無理やり伸ばすような力みが出て、筋肉が硬くなり、呼吸も止まってしまいがちです。伸ばそうとする意識を持ち過ぎず、筋肉の力が抜けて、伸びているかどうかを確認しながら行います。

（a）　立って行うストレッチング

　ふくらはぎ（腓腹筋・ヒラメ筋）を伸ばすときには、少し余裕を持って前後に足を開き、後ろ足の踵を付けます（図 4.4）。同時にアキレス腱も伸ばしながら、前方に向けたつま先と膝の方向を合わせます。膝はほんの少し曲げながら

図 4.4　ふくらはぎ伸ばしと膝の曲げ伸ばし

図 4.5　肩の前後回し

行うと、ふくらはぎに意識しやすくなります。

　膝の屈伸はつま先を少し外側へ向け、つま先方向へ膝を出します。踵を付けて行うことで、大腿四頭筋とふくらはぎも伸ばすことができます。背筋を丸めると脊柱起立筋も伸ばすことができ、真っすぐに伸ばすように意識して行えば大腿四頭筋、大臀筋やハムストリングスも伸ばせます。

　肩は腕の前後回しから行います（図4.5）。前回しは、「気を付け」の状態から両腕を伸ばしたままで、肩甲骨を外側へ開くようにして前に出します。それから肩甲骨を上に引き上げてバンザイし、両方の肩甲骨を内側へ寄せるようにしながら、できるだけ大きく後ろへ回して、元の直立した姿勢に戻ります。後ろ回しはその逆です。真っすぐな姿勢を保ち、息を大きく吸いながらゆっくりと丁寧に行います。肩関節と肩甲骨をできるだけ大きな可動域で動かします。

　胸の前で、片方の腕をもう片方の腕で抱えて胸に付けるようにすると、主に三角筋の後部を伸ばすことができます（図4.6）。腕をバンザイした状態で肘を曲げ、片方の肘を反対側の手で握り内側へ引くと、上腕三頭筋、肩関節や肩甲骨周りの筋肉を伸ばせます。

　肘は蝶番運動をするので、手を肩に向かって曲げます（図4.7）。そのとき、片方の手で手首を抑えるようにすると、上腕三頭筋をうまく伸ばすことができます。

　上腕二頭筋は、手首と連動させて伸ばします。片方の腕を前方に伸ばした状態で、手のひらを上に向けるようにします。もう片方の手で、伸ばした方の指を握り下に引くと、上腕二頭筋と手首の伸筋群を伸ばすことができます。手の

図 4.6　三角筋後部伸ばし（左）と上腕三頭筋伸ばし（右）

図 4.7　肘の曲げと手首・肘伸ばし

ひらを下に向けると、手首の屈筋群を伸ばすことができます。

　首は可動域が大きい椎間関節なので、前後左右に動かすことができ、それに加えて回すこと（回旋）もできます（図 4.8）。首を回すときには、前後左右の動きも意識して、大きく動かすようにします。

　体の前屈（前曲げ）・後屈（後ろ反り）は、上半身では胸椎と腰椎の動きです（図 4.9）。前屈では主に脊柱起立筋を伸ばし、後屈では腹筋群を伸ばします。下半身では、前屈で大臀筋とハムストリングス、後屈では大腿四頭筋を伸ばします。前屈では、背骨を丸めることで、より脊柱起立筋を伸ばすことができ、背筋をまっすぐにすることでより大臀筋とハムストリングスを伸ばすことができます。

図 4.8　首回し

図 4.9　体の前屈・後屈

（b）　床を利用したストレッチング

　長座した状態での前屈では、下半身としてはハムストリングスと大臀筋、開脚ではそれらに加えて内転筋群が伸ばせます（図 4.10）。靴を脱いで行うと、リラックスしやすいです。また、捻りを加えることで股関節まわりのその他の筋肉群も伸ばすことができます。写真ではつま先を立て、そのつま先を手前に引くようにしています。このような工夫をすることで、ふくらはぎもプラスして伸ばすことができます。

　足裏を合わせての開脚や膝を胸に近づけることで、股関節と骨盤、それに膝の周辺にある筋肉をうまく伸ばすことができます（図 4.11）。

　床に寝て下半身を捻ると外腹斜筋を伸ばすことができます（図 4.12）。俯せで腕を鉛直に立て上体を反らすと、腰椎を反らすことで腹直筋や大腰筋を伸ば

図 4.10 上体の前屈と開脚・開脚捻り

図 4.11 足裏合わせの開脚と膝を胸に近づける

図 4.12 下半身の捻り、上半身の腕立て反り、上半身の肩入れ反り

すことができ、加えて胸を張った状態で肩甲骨を寄せるようにすると、大胸筋
も伸ばせます。膝を立て肩を入れると、胸郭を開き胸椎を反らすことで大胸筋
を伸ばすことができます。同時に広背筋・僧帽筋・三角筋なども伸ばされてい
ます。

（c） バーを使ったストレッチング

　壁に取り付けたバーを使うと、ふくらはぎをより伸ばすことができます（図
4.13）。伸ばす方の足は足裏全体を床に付け、つま先は膝の方へ向けます。バー
に向かって手幅を肩幅にして握り、背筋を伸ばしてお尻を引き、手首・肘・

図 4.13　バーを使ったストレッチング

肩・股関節を一直線にすると、肩関節や肩甲骨まわりの筋肉をうまく伸ばすことができます。バーに背を向けて、手幅を肩幅ほどにして胸郭を開いて胸を張ると、大胸筋を最大に伸ばし、広背筋を最小に縮めることができます。三角筋の前部も伸ばします。

4)　過度のストレッチングによる筋力低下

　静的ストレッチングが直後の筋出力を低下させしまうことが、数多くの研究で報告されています。あまり時間をかけて行うストレッチングは、スポーツでの動きに悪影響を及ぼすことがあります。これはストレッチの柔軟性を高めるメカニズムでもあるのですが、主に筋紡錘の感度が急激に下がり、結合組織などの弾性も落ちることによります。

　これを防ぐため、ウォーミングアップとしての静的ストレッチングでは、静止時間を各種目 15 秒程度にします。現在では動的ストレッチングと組み合わせて行う方法が一般的です。

　とはいえ、競技種目によって、柔軟性の必要度が異なり対応が変わってきます。体操競技のように、動きの可動域の広さが大きく影響するスポーツでは時間をかけた入念なストレッチング、陸上やサッカー、ラグビー、野球といった競技では、それほど時間をかけない適切な調整が必要です。もしゆっくりと時間をかけて、柔軟性を高めてこわばった筋肉をほぐしたいときには、クーリングダウンとしてのストレッチングを入念に行います。

　このようなことを知ると必要以上に神経質になりそうですが、経験を積み、そのスポーツにあったストレッチングをうまく取り入れるようにしましょう。

4.3　食事と栄養

1)　食事で筋肉を育てる

　人体には 60 兆個の細胞があり、その一つ一つのなかで化学反応が起きています。そのなかのさまざまな小器官が円滑にそれぞれの役割を果たすには、普段のしっかりとした食事から摂る栄養素が必要です。炭水化物・たんぱく質（アミノ酸含）・脂質の三大栄養素、ビタミン・ミネラルの 2 つを加えると五大栄養素といいます。それらに加えて、水も必要不可欠なものです。一般人の細胞の 75% は水、20% がたんぱく質、ほかに、脂質 2%、炭水化物 1%、核酸 1%、無機塩類 1% などが含まれています。

　筋肉量を増やすためには、正しいフォームと適切なプログラム、運動処方でトレーニングするだけでは不充分です。これに加えて「栄養（食事）」と「休養」のバランスが必要不可欠な条件です。

	①主食	②主菜	③副菜（汁物も含む）	④菜類	⑤乳製品
主な役割	エネルギーの供給	筋肉、骨、血液など人の体を作る	エネルギーの生産反応の円滑化、体調を整える、骨や血液の材料となる	疲労回復、エネルギー補給	骨などを作る
主な栄養素	糖質	たんぱく質、ミネラル、糖質	ビタミン、ミネラル	ビタミン、炭水化物	たんぱく質、ミネラル
主な食品	ご飯、パン、麺類などの穀物	肉、魚、卵、大豆など、メインのおかず	野菜、芋、きのこ、海藻など、サブのおかず	果物	乳製品

図 4.14　バランスのとれた食事の基本形（長崎スポーツ栄養研究会、2018）

　筋肉を構成している細胞内では、筋トレで受けた刺激によって各細胞小器官が活発に働き、たんぱく質の合成が促進されます。小器官の中で、たんぱく質をつくる工場はリボソームです。肉類や魚、卵や大豆などの食事から摂ったたんぱく質を、胃・腸・肝臓を通してアミノ酸に分解し、血液に乗せて細胞に運び、リボソームでたんぱく質に合成して新たな筋肉が誕生します。

　栄養補給がうまくいっているかどうかを調べるには、血液検査が有効です。また定期的に、栄養の専門家にアドバイスを求めて、日々の食事が栄養学的にも問題がないかどうかをチェックしてもらうのもよいでしょう。

2)　栄養の基礎知識を身に付ける

　五大栄養素の働きやその食材についての知識が、栄養学の基本です。私たちの体に必要な栄養摂取量の基準（推奨量・目標量・目安量）を知り、毎日の食事の中身を充実させましょう。栄養摂取量を知ることは、筋肉を付けることだけではなく、「安全を守る」ことにも重要です。カルシウム不足が続くことで、骨粗鬆症になったり、鉄不足が続けば貧血になったりと、ケガや故障につながったりするからです。

　まずは五大栄養素をバランスよく摂ることが基本ですが、筋量を増やすためには、さらに必要量のたんぱく質を確保することを考えなければなりません。必要とされるたんぱく質摂取量は、一般の人の場合、体重 1 kg 当たり 1 g、スポーツ選手の場合は体重 1 kg 当たり 1.5 〜 2 g とされています。たんぱく質はサプリメントのプロテインでも簡単に摂ることができますが、効果と安全の二つに留意しながら適量を摂るようにします。

　たんぱく質を分解するときに発生する体に有害なアンモニアを無害な尿素に変えるためには肝臓が、余分な窒素化合物である尿素を絶えず尿中に排泄するためには腎臓が使われます。したがって、過剰なたんぱく質の摂取は、肝臓と腎臓に余計な負担をかけ、健康を害することがあるので注意が必要です。

　また、たんぱく質とあわせて、ビタミンも摂取しなければなりません、たんぱく質を筋肉につくり変えるにはビタミン B6 が、筋肉中に蓄えられたグリコーゲン（炭水化物）をエネルギーに変えるにはビタミン B1 が必要です。ビタミン B1 は、豚肉やうなぎ、納豆などの大豆製品、玄米ご飯などに含まれています。ニンニクやニラ・玉ネギ・ネギなどに含まれるアリシンは、ビタミン

表 4.2　普通の生活での 1 日の摂取推奨量（18 ～ 49 歳男性）と各栄養素の働き・食材（岡田・竹並、2018）

	種目	単位	量	主な働き	食材
1	エネルギー	Kcal	2650		
2	たんぱく質	g	60	筋肉・臓器・皮膚・毛髪・爪・酵素・抗体などの原料。補助的なエネルギーの供給。	肉類・魚介類・卵・乳製品・大豆など
3	脂質	g	74	エネルギーの供給。ホルモンの材料。細胞膜の成分。	肉（脂身）・魚介類（脂身）・ナッツ類・乳製品・食用油など
4	炭水化物	g	398	エネルギーの供給。 ※脳や神経細胞、赤血球はグルコース（ブドウ糖）をエネルギー源とする。	米・小麦（パン）・トウモロコシ・イモ類・果物・砂糖など
5	ビタミン A	μg	900	視覚の正常化に働く。皮膚・粘膜の健康を維持する。	レバー・うなぎ・アナゴ・卵黄・緑黄色野菜など
6	ビタミン D	μg	5.5	カルシウムの吸収促進。男性ホルモンの分泌を促す。	魚類（サケ・イワシ・ニシン・しらす干し）・きくらげなど
7	ビタミン E	mg	6.5	抗酸化作用、血行の促進。性ホルモンの生成に関わる。	植物油・マーガリン・アーモンド・ナッツ・落花生など
8	ビタミン B1	mg	1.4	糖質の代謝促進。神経機能を正常に保つ。	豚肉（特にヒレ・モモ・生ハム）・たらこ・うなぎ・グリンピースなど
9	ビタミン B2	mg	1.6	抗酸化作用、たんぱく質合成を促進。三大栄養素（特に脂質）の代謝を促す。	レバー・うなぎ・魚肉ソーセージ・納豆・卵など
10	ビタミン B6	mg	1.4	たんぱく質やアミノ酸の代謝促進。神経伝達物質の合成に関わる。	魚肉（特にマグロ・カツオ）・レバー（特に牛）・鶏肉・ニンニクなど
11	ビタミン B12	μg	2.4	赤血球の合成を補助。脂質の代謝に関わる。 神経の働きを維持する。	あさり・牡蠣・レバー・サンマ・たらこ・のりなど
12	ビタミン C	mg	100	抗酸化作用。たんぱく質（コラーゲン）の合成に必須。	野菜・果物（特にアセロラ・柿・ピーマン・ブロッコリーなど）
13	ナトリウム	mg	3150未満	カリウムとともに、心肺機能や筋肉に働き、浸透圧を調整。食塩の主成分。	塩・醤油・味噌・梅干し・ハム・たらこ・魚肉ソーセージ・漬物など
14	カリウム	mg	2500	心肺機能や筋肉の働きを調整。細胞内液の浸透圧や血圧を調整をする。	納豆・大豆・ニンニク・ほうれん草・ニラ・真鯛・カツオ・アジなど
15	カルシウム	mg	650	骨や歯を形成する。筋肉が収縮する働きを補助。細胞分裂や酵素反応などの作用に関わる。	しらす干し・わかさぎ・サバ缶・牛乳・チーズ・油揚げ・えんどう豆など
16	マグネシウム	mg	370	300 種類以上の酵素を活性化。カルシウムの働きを補助する。	しらす干し・納豆・油揚げ・あさり・はまぐり・牡蠣・たくあんなど
17	リン	mg	1000	骨や歯を形成する。糖質の代謝を高める。 細胞膜や核酸の構成成分。	しらす干し・マグロ・たらこ・卵黄・牛乳・チーズ・ハム・豚レバーなど
18	鉄	mg	7.5	血液中の赤血球に含まれるヘモグロビンの主成分として全身へ酵素を運ぶ。	レバー・うなぎの肝・あさり・卵黄・油揚げ・のりなど
19	亜鉛	mg	10	新陳代謝や細胞分裂に関わる酵素の構成成分として働く。味覚を正常に保つ。	牡蠣・カニ・レバー・牛肉・卵黄・カマンベールチーズなど

厚生労働省「日本人の食事摂取基準（2015 年版）」より
注）「ビタミン D」「ビタミン E」「カリウム」「リン」の数値は「1 日の摂取目安量」
　　「ナトリウム」の数値は「1 日の摂取目標量」
　　「ビタミン A」の含有量は「レチノール活性当量」
　　「ビタミン E」の含有量は「αトコフェノール」の数値
　　「脂質」は 1 日の摂取目標として「1 日の摂取エネルギー（2650Kcal）」の 25％を算出
　　「炭水化物」は 1 日の摂取目標として「1 日の摂取エネルギー（2650Kcal）」の 60％を算出
　　「ビタミン A」「カルシウム」「マグネシウム」「鉄」の「1 日の摂取推奨量」は 30 ～ 49 歳の数値

B1 の吸収を促進し、体内に長く溜めて効果を持続させるはたらきがあります。筋肉中の炭水化物が枯渇してしまうと、筋肉を分解してエネルギーに変えるシステムがはたらいてしまいます。

　スポーツ選手はエネルギー消費量が大きく、各種の栄養素の必要量も増えます。それをカバーするために、バランスのとれた普段の朝・昼・夕（晩）の3回の食事に加えて補食（間食）をとり、またサプリメントを活用したりします。しかし、サプリメントはどんなに素晴らしいものであっても、過剰摂取は内臓にも負担をかけます。それらの摂取がうまくいっているかどうか、病院などの専門機関で健康診断を受け、内臓疾患を予防しましょう。

　サプリメントに薬物と同じような劇的な効果を期待したり、サプリメントを勉強しただけで栄養学を身に付けたと思い込んだりする場合もあるようですが、サプリメントは栄養「補助」食品です。主食品はあくまでも普段の食事なのです。

3)　食事で魔法のような効果を引き出す

　筋トレにしても、コツコツと継続した努力が重要ですが、食事も同様です。筋トレと食事によって、10 年を経ずに 20 kg 以上もの筋肉を増量する人もいます。何か特別な食事があるのではないかと思われますが、それは日々、普段の食事のコントロールを徹底して繰り返してきた結果です。

　栄養摂取量は筋トレの刺激の強さに影響を受けます。まずは各栄養素の基本摂取量を摂って、筋肉量が増えているかどうかを定期的に体組成計で測って確認します。そして改善すべき点に気づいたら、それを日々の食事に落とし込んでいきます。この繰り返しこそが、魔法のような効果を引き出します。

　スポーツ選手のたんぱく質の摂取量は体重 1 kg 当たり 1.5 〜 2 g です。ということは筋肉ひいては体重が増えるたびに、たんぱく質の摂取量、そして他の栄養素もあわせて増やしていく必要があります。

　単調にも思える筋トレと日々の食事ですが、正しい知識と興味を持つことで、それを楽しむことができます。そして、苦しいトレーニングを乗り越えた後の食事はとてもおいしいものです。

4.4 休養

1) トレーニングの効果は休養中に得られる

　健康づくりには、「運動・栄養・休養」の3つのバランスが必要です。トレーニングを行い、栄養を摂った後には、休養して体を回復させることで、筋肉が発達します。休養は筋トレの効果を引き出すために、栄養（食事）と同様になくてはならないものです。

　トレーニングする人間は、体を休めることに対して後ろめたさ、罪悪感を持つ傾向があります。トレーニングと食事は努力している姿が目に見えますが、横になって積極的な睡眠をとる姿は努力しているように見えません。そのため、運動や栄養と比べて軽視されるのでしょう。「トレーニングの効果は、休養中に得られる」ということを理解しましょう。

2) 積極的な休養

　筋トレを行い、食事をして栄養を摂った後は、特別に意識することなく過ごすことも多いと思いますが、意識を持って休養に当てるようにします。これが積極的休養です。栄養を全身に運ばせるために、朝・昼食後の1〜2時間はできるだけリラックスして過ごします。夕食後は睡眠による筋肉づくりを活発に行えるようにします。深い睡眠では、筋肉づくりを促す成長ホルモンの分泌量が最大になります。

　睡眠の時間の確保もですが、熟睡できる環境もつくります。部屋は明かりを消すなどして、暗くします。体を冷やさないように室温にも気をつけます。ベッドや敷き布団・掛け布団、枕の厚さや柔らかさ、パジャマも眠りの促進に関係します。

　深い睡眠は疲労回復促進にもなり、スッキリと爽やかな目覚めを促します。肉体的な疲労だけでなく精神的な疲労も取り去り、リフレッシュできます。

3) 休養をとるための勇気

　スクワットやベンチプレスの記録が伸び、筋肉が付いてくると、やればやるほど伸びるという気持ちになります。週に2回のトレーニングを、週に3回、

4回と増やしたりもします。これはある意味自然なことで、このような経験も必要なことだと思いますが、これがどんどんエスカレートしていくとケガや故障につながります。これがオーバートレーニングであり、オーバーユースです。これらを経験すると、休養することの大切さを、身をもって感じ、また週2〜3回のトレーニングに戻します。

　しかし、毎日筋トレを行っていた人が、週2〜3回に頻度を減らすと、ほとんどの人は不安になり、効果を出すことができないと考えます。スクワットやベンチプレスを5セット行っていた人が3セットに減らすと、同様に効果を上げることができないというネガティブな思考になりがちです。「1時間かけていたトレーニングを、30分で終わらせる方が効果を上げることができる」という考え方の前には、大きな壁が立ちはだかっています。それをジャンプして越えるには、不安と恐怖に打ち勝つ勇気と目を向ける方向を変えるパラダイムシフト、今までの思考様式を変えることが必要です。「過程から結果への転換」、「量から質への転換」です。

　開始当初のメニューでは、シンプルな種目でプログラムをつくり、処方（頻度・強度・時間）します。処方の基本に従えば、週2〜3回の頻度、10RMでの強度、30分ほどのトレーニング時間です。このようなメニューで効果を上げることができると、休養の大切さ、そのプラス効果を身をもって知ることができ、積極的休養をとることができるようになります。ソフトバンクホークスでは基本的な処方によって、劇的な効果をあげています。

　筆者はホークスの王貞治会長に、スロトレの指導をさせていただいています。王会長への処方は、週2〜3回の頻度、1セット10回ゆっくりと余裕を持って行える強さで、5種目を毎回10分で行うように設定しました。処方をお伝えしたときに、「毎日やりたいですが、休むのは勇気が入りますね」ということをしみじみと話されました。「休養をとるための勇気」は王会長にいただいた気づきです。

“スポーツDr.から一言”股関節周囲の筋痛症

　競技歴30年というベテランの選手が陥る難治性の筋肉痛があります。部位は股関節から臀部、腰部にかけてで、時期によって痛む部位が変化します。たとえば痛みが臀部であったのが、股関節前面に移動するのが特徴です。初期のうちは身体が

温まると痛みなくトレーニングできますが、トレーニングした当日の夜や翌日に痛みが出ます。痛みのある部位の筋は硬く、シコリのような硬結が見られることもあります。痛みの出る筋肉としては、股関節外旋筋群（梨状筋、双子筋、閉鎖筋など）、大腿筋膜張筋、臀筋群（大・中・小臀筋）、多列筋などです。消炎鎮痛剤も多少は痛みを緩和してくれますが、持続しません。ひどいときは夜間の就寝中に痛みで目が覚めることもあります。痛みのある硬結をマッサージやストレッチでほぐすと痛みは緩和しますが、数時間から数分で元に戻ってしまいます。痛みが下肢に放散することがあるので坐骨神経痛や変形性股関節症に間違われることもしばしばです。

　この病態についてはわかっておらず、整形外科医はお手上げ状態です。対症療法として温熱療法、ストレッチ、鍼治療、エコー下のハイドロリリースなどがあります。寒冷刺激や疲労と痛みの関連があり、胸や背中などの他の部位のトレーニングをしても股関節周囲の痛みが増強されます。仙腸関節の可動性との関連もあるようで、この部位へのブロックが著効することもあります。今のところお勧めできるアドバイスとしては

　　①風呂で暖めて、たっぷりと睡眠を取り疲れを取ることと臀筋やハムストリングスのストレッチをする

　　②トレーニングの頻度を減らしたり、内容を変えたりする

4.5　トレーニングギア

　トレーニングを補助し、その効果をより引き出す道具をトレーニングギアといい、以下のようなものがあります。これらは効果を引き出すだけでなく、体を安全に守ってくれるとともに、トレーニングをより楽しいものしてくれます。

1)　トレーニングベルト
　トレーニングベルトを利用することには、以下のような3つのメリットがあります。

　　①腰痛の予防

　　②腹圧の利用

　　③（腰の張りや疲労の）回復促進

　10 RM でのトレーニングでは、腰への負担が大きくなる種目があります。

スクワットやデッドリフト、ベントオーバーロウなどです。ベルトの使用は、腹圧の利用を促すために有効で、より高重量を扱うことを可能にします。したがって、腹圧を利用しやすい使用法を覚えることも必要になる場合があります。

　ベルトを巻く位置を工夫することで、より腹圧を利用して効果を引き出すことができます。スクワットでは、ベルトを下腹部に当てるようにして下巻にすると、基本型より上半身が起きたフォームに適しています。中央巻では基本型に適し、上巻は基本型より上半身が前傾したフォームに適しています（図4.15）。

　これは重力の影響を受けるためです。上半身が前傾するほど、重心線から股関節までのモーメントアームが長くなり、脊柱起立筋の負担が大きくなります。

下巻　　　　　　　　　中央巻　　　　　　　　　上巻

図 4.15　トレーニングベルトの巻き方のバリエーション

そのため、ベルトを上巻にすることで脊柱起立筋の負担を軽減し、うまく腹圧を利用することができます。

　ベルトの使い方が上達してくると、腰の張りや疲労回復を促進する効果も引き出すことができます。ベルトを巻く位置や巻く強さを調整して、できるだけ腰への負担を減らすようにします。そうすることで早期回復を促すことができます。

　逆に、体幹の強化につながりにくく、ベルトを使わないと腹圧を利用できず、高重量を上げることができなくなってしまったりするのが短所です。普段、ベルトを使用している人が、突然ベルトなしで行うと不安とともに、お腹に力が入らず戸惑うこともあります。したがって「ベルトに頼り、頼らず」という気持ちで使うのがよいです。ベルトはしっかりと安全を守りながら、腹圧を上げる方法を覚える手段として利用します。ベルトの使用と並行して、軽めの重量からベルトを外して、腹圧を高めることができているかどうかを確認しながら行う方法もあります。

　トレーニングベルトにもいくつかの種類があります（図 4.16）。目的や種目によって使い分けたりします。(a)のベルトはパワーリフティング競技用で、スクワットやデッドリフト、ベントオーバーロウでの高重量に対応します。(c)のベルトは筋トレのほとんどの種目に対応する一般的なものです。(b)のベルトはそれらの2つのベルトの中間になり、ある程度の高重量や多くの種目にも対応可能です。

(a) 幅 10 cm、厚さ 1 cm　　(b) 幅 10 cm、厚さ 6 mm　　(c) 腹側幅 5 cm、腰側
　　　　　　　　　　　　　　　　　　　　　　　　　　　　　　　 8 cm、厚み 8 mm

図 4.16　各種のトレーニングベルト

2）　リストストラップ

　ある程度の重量を使うようになると握力に限界が出て、バーが滑り落ちて握ることができなくなります。そのようなときに、リストストラップを使用する

図 4.17　リストストラップ（左）とパワーグリップ（右）

ことで可能になります。

　リストストラップを使用する代表的な種目は、ラットマシンプルダウンやチンニングです。その外には、バーベルやダンベルを使ったベントオーバーロウや高重量のダンベルでのワンハンドロウ、フロアープーリーロウなどがあります。リストストラップを使うことで、高重量を使いながらも広背筋の動きを意識しやすくなります。同じ役割をするトレーニングギアにパワーグリップというのがあります（図 4.17）。

　リストストラップは他にも、バーベルやダンベルを使ったカールなどいろいろな種目で利用できますが、頼り過ぎると前腕の筋肉群の強化を妨げることがあります。基本的にはトレーニングベルトと同様に「頼り、頼らず」ということで、利用しましょう。

3)　リストラップ

　手首に巻くリストラップは、手首の保護を目的として使います（図 4.18）。

図 4.18　リストラップの巻き方

高重量を使ったベンチプレスやダンベルプレスでは大変有効です。巻き方を工夫することで、より効果的に使用することができます。手首に負担のかからない握り方を覚えてから使いましょう。手首に負担をかけるような握り方が癖になると、リストラップなしではトレーニングできなくなってしまいます。

第 5 章

治療・予防としての筋トレ
——運動器治療の現場から

運動器科（旧整形外科）の立場から筋トレに関連する疑問に答える

　昨今、雑誌や単行本、テレビ番組などで筋トレの有用性が盛んに取り上げられています。なかには科学的根拠に基づいた真摯な内容のものもありますが、多くは視聴者を意識しすぎて教育的というより興味本位な内容が多いようです。机上の知識だけで、自らの身体で筋トレを経験したことのない人が考え出したリハビリメニューや治療方法は、学術的ではありますが、実効性の乏しい内容となっています。やり始めの 3 ヵ月だけはゼロからの開始なので効果がみられますが、それ以後は変化が出ません。逆に自らも熱心に筋トレをしていますが、医療現場での臨床経験が浅く偏っている方のアドバイスも独善的になりやすく要注意です。高額な金額を払って行う肉体改造が一時流行しましたが、本質は以前からある筋トレと食事管理を厳密に行うもので、さほど真新しいものではありません。以下に運動器外来を訪れる人から受けることが多い代表的な 5 つの質問と返答を紹介します。

5.1　筋トレで腰痛は治せるか

桂子さん　「10 年ほど前から年に 1、2 回は腰痛で動けなくなります。病院の先生から、あなたの腰痛は腹筋が弱いからで、筋トレしなさいといわれています。パンフレットをもらったけど、本当に筋トレしたら私の腰痛は治るのですか？」

　これは難しい質問で、回答はいく通りもあります。まずは腰痛の原因が何かということです。たとえば、骨粗鬆症があって腰椎の椎体が圧迫骨折した直後や、癌の骨転移があり椎体が病的骨折を起こしている場合、椎間板ヘルニアで麻痺がある場合などは筋トレそのものが禁忌です。桂子さんは 40 歳代中半で

図5.1　腰痛の女性

健康そのものですから、こういった特殊な状態ではなさそうです。いわゆるギックリ腰といっても、筋や筋膜由来、椎間板由来、椎間関節由来などいくつもの原因があり、腰痛の原因をきっちりと診断してもらうことが大切です（図5.1）。いずれの腰痛でも急性期の痛みが強いときは安静や薬による除痛が必要で、ときにはコルセットを着けて固定して日常生活を送ったり、痛みが軽減しない時は入院することもあります。運動は痛みが軽減して、ある程度活動できるようになってから始めます。つまり運動で治すというより、運動で再発を予防するということです。

　桂子さんの腰痛は医師が「腹筋を鍛えなさい」というくらいですから、おそらく姿勢に関連して生じた腰痛でしょうか。桂子さんの立位姿勢を見ると、骨盤が前傾し腰が反った状態で、いわゆる“反り腰”とか“出っ尻”といわれる状態です。腹筋は緩んだ状態で、背筋優位で体幹を支えており、腰痛を繰り返す人によくみられます。実際に腰痛は立位や座位の姿勢異常に起因することが多く、その姿勢異常は仙腸関節や脊柱の可動性低下や、腹部や背部の筋拘縮や筋力低下が原因となっています。拘縮や可動性の改善はストレッチが必要で、筋力の強化は筋トレが必要です。そういう意味では「腹筋を強化し、筋トレをしなさい」というのは間違いではありませんが、大切なことを省略しています。「筋トレをすれば痛みがなくなる」ではありません。「まず下肢や骨盤周囲のストレッチでしなやかな体幹・骨盤帯にしましょう。さらに筋トレで体幹筋を強化して姿勢を正すことで、腰痛がなくなる」というのが親切な説明です。

　次に、痛みを再発しないように筋トレの種目を選び、段階的に上げていく必要があります。この1種目だけやれば大丈夫というような万能の筋トレはありません。また筋力の弱い人は筋量が少ないだけでなく、ターゲットとなる筋をうまく収縮できないことが多く、筋の再教育（賦活）が必要となります。この賦活指導を最初にしておかないと、間違った意識で形だけ似たような動きになります。そうなると、効果がないばかりか逆に腰痛を再発してしまいます。

　このときに最も重要となるのは、「よい姿勢のイメージ」をつくることです。

このイメージが崩れているために、必要以上に腰を反らせたり、逆に丸まってしまったり、捻れたりすることがあります（図5.2）。鏡で自分の姿勢を確認しながら、体幹の筋を意識する練習を繰り返し行い、よい癖を付けます。よい姿勢が身に付くと、身長が1、2cm高くなったり、スポーツのパフォーマンスが上がったりすることもあります。

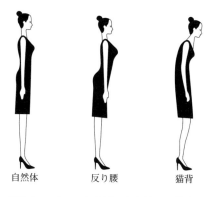

自然体　　　反り腰　　　猫背

図5.2　ハイヒールを履いた女性の立位姿勢

ポイント：腰痛の治療や予防で大切なことは、よい姿勢を獲得すること
そのためにストレッチや筋トレが必要になる

5.2　筋トレで肩や肘の脱臼を予防できるか

真一郎くん　「筋トレで肩の脱臼を防げると聞いたけど、本当ですか。同じラグビー部の友人がタックルで肩を脱臼して以来たびたび繰り返しています。最近はベッドで背伸びしても抜けるらしく困っています」

　肩の習慣性脱臼は関節包や靱帯が肩甲骨から剝がれて、緩んでいるために起こります。したがって関節包の外側にある大胸筋や三角筋、腱板が強くなっても抜けてしまいます。厳密には手術で剝がれた部位を縫い縮めて、関節をしっかりとした安定した状態に戻さないと脱臼防止にはなりません。

　第58代横綱の千代の富士が現役時代に肩がよく抜けていました。確かに筋トレをして筋肉の鎧を作ったことで脱臼しにくくなりましたが、横綱になってからでも無理な肢位になるとやはり脱臼していました（図5.3）。このように抜けにくい状況を作ることや代償動作を獲得することで、ある程度の予防は

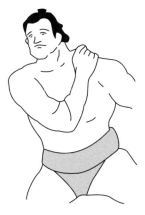

図5.3　肩の脱臼

できますが、手術の代わりにはなりません。真一郎くんの友人はベッドで背伸びしても脱臼するくらい不安定なら手術を受けたほうがいいでしょう。

ポイント：筋トレだけでは肩関節や肘関節の脱臼予防はできない

5.3　筋力があると手術の回復が早いか

桂子さん　「膝の前十字靭帯を断裂して手術を受けたお友達2人の快気祝いで食事に行きました。A子は日頃からジムに通ったり、スキーに行ったりする活発な女性で、もう1人のB子はお買い物に行くくらいで運動嫌いな人です。日頃から運動しているA子は2週間で退院して、スムーズに歩けています。B子は4週間以上も入院していました。2人とも松葉杖をついていますが、B子は危なっかしく冷や冷やします。同じ医師に同じような方法で手術をしてもらったはずなのにどうしてこんなに違うのですか」

　術後の回復は手術の大きさや種類だけでなく、患者さんの性格や痛みに対する感受性、そして運動経験などが関係します。一般的には日頃から運動している人は術後の回復が早く、リハビリがスムーズに進みやすい傾向があります。その理由の一つは筋肉です。術後は痛みや不安があり、思い切って力を出せないために、ますます筋肉が萎縮して痩せていきます。これが廃用性萎縮です。

　二つ目の理由は、脳と筋肉の回路の問題です。脳からオンオフの指令が目的の筋肉に伝わり、力を入れたり抜いたりして関節を動かします。普段からよく運動する人はこの回路が発達しており、術後早期から筋収縮を上手に調節できるようになります。運動していない人はこの回路がうまく働かず、脳からの指令が伝わらなかったり、混線して他の筋も一緒に力が入ったりします。しかも術後で傷の痛みがあるときにこの訓練をすることは容易ではありません。

　三つ目は普段からトレーニング後の疲労を回復させることに慣れているので、代謝が高くホルモンの分泌も豊富です。手術を受けた場合でも組織の修復や再合成が促進されやすいようです。

ポイント：日頃からトレーニングして筋肉や体力の貯金をしておく
**　　　脳－神経－筋の回路を活性化させておく**

5.4　筋トレで肩こりの治療や予防ができるか

桂子さん　「最近、肩こりがひどく家事が辛いこともあります。この肩こりどうにか
　　なりませんか」

　肩こりは項頸部から背中にかけて走行する僧帽筋に詰まったような、こわば
った感じや不快感・こり感・重苦しさや痛みなどの症状がある状態のことです。
頸椎や椎間板などに器質的異常があり生じる頸椎症や椎間板ヘルニアなどとは
区別されています。また肩関節周囲に原因があり可動域制限を生じる四十肩や
五十肩とも異なります。肩こりは、正式な病名ではありませんが、厚生労働省
による「国民生活基礎調査（2015年度）」における有訴者率で男性の2位、女
性の1位を占めています。病態についてはよくわかっておらず、決定的な治療
法があるわけでもありません。ただ原因として長時間、首や背中が緊張するよ
うな姿勢をとり続けたり、猫背、前かがみなどの姿勢の悪さ、寒冷刺激などが
挙げられています。現代ではパソコンやスマートフォンを使うことが多く、ま
すます増えています。

桂子さん　「確かにスマホやパソコンを使っている時間が長いです。それがよくない
　　のね。でも同僚の男性で筋トレが大好きな人がいますが、彼は肩こりないみたい
　　です。どうしてですか」

　桂子さん、いいことに気づきましたね。正しいフォームで筋トレを定期的に
行っていると姿勢はよくなり、肩こりは起こりにくくなります。トレーニング
後は僧帽筋や広背筋、三角筋、大胸筋などに筋肉痛は起こりますが、数日で消
えます。十分に睡眠をとり栄養補給をしていれば、頑固な筋硬結が生じること
もなく、肩こりになりにくいようです。

　また仕事が終わって自宅に直行しないでスポーツジムに寄ることで、職場の
ストレスを家庭に持ち込まなくなります。しかもトレーニングに集中すること
で、嫌な出来事を忘れて精神をリフレッシュすることもできます。自宅に帰る
頃には、お腹が空いて食事も進み、適度な筋疲労で寝付きもよくなります。ス
トレスの多い人ほど筋トレが必要なのかもしれません。ただ夜遅い時間の激し
い筋トレは逆効果になります。交感神経が興奮して、かえって寝付けなくなり

ます。夜の8時前後の時間からしかトレーニングできない場合は、先に軽食を摂っておき、トレーニング後は消化吸収のよい物を少量補い、夜11時頃までには床に就けるように心掛けてください。

ポイント：定期的な筋トレで肩こりは治療、予防できる

5.5　エレガントな立ち姿、歩容

桂子さん　「若い頃はハイヒール履いたこともあったけど、最近はパンプスでも足が疲れます。モデルさんのように颯爽とハイヒール履きこなしてみたいわ」

ミニスカートでハイヒールを履いて颯爽と街を歩きたい、そう願っている女性はたくさんいることと思います。でも実際はというと膝の間が開いてO脚になり、膝を少し曲げてアヒルのような歩き方になっている方が多いようです（図5.4）。

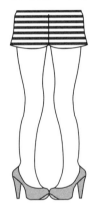

図5.4　内股でO脚（左）と理想的な脚（右）

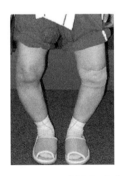

図5.5　お婆さんのO脚

また買い物カートを押しながら痛々しく歩いているお婆さんを見かけたことがあるかと思います（図5.5）。若い頃はまだ多少のO脚傾向だったのが、加齢とともに進んでいったものです。ここまでくると人工関節置換などの手術が必要になります。どうしてこんなふうに悪化してしまったのでしょうか。

生活環境、食事などの栄養、加齢などいろいろな要因が考えられますが、O脚の若い女性とお婆ちゃんに共通した所見があ

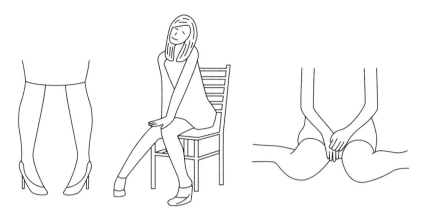

図5.6 O脚（左）とその原因となる内股（中央）、いわゆる女の子座り（右）

ります。それは立ったときの筋活動です。両者とも臀筋、内転筋の活動が少なくなっています。一方、颯爽とハイヒールを履きこなせる女性では脚は細くてもしっかりと臀筋と内転筋群に筋活動がみられます。O脚の若い女性たちは子どもの頃から図5.6のように内股、内旋位に座り、立つ習慣が付いているようです。

　近年はこの点に注目した脚美容のセミナーやサロンが盛況のようです。高い金額を払わなければ改善できないことはなく、特別な器具や装置は不要です。立位姿勢の意識、改善と正しいフォームでのスクワットで十分です。

　　ポイント：颯爽と歩くためには臀筋と内転筋の強化が必要

　本文では、さまざまな理論やケーススタディを含めて筋トレを解説しました。ただし筋トレの各種目については、スクワット・ベンチプレス・デッドリフトというビッグ3とベントオーバーロウについて詳述したのみです。そこで、最後に附録として代表的な種目を概説します。自重負荷や低負荷強度の種目については、スロー法（スロートレーニング）を原則としました。

【凡例】
　　各種目の写真説明とも、上段は「構え」、下段が「動き」。
　　→に付属するのは呼吸とその時間を示す。
　　[主] 主働筋
　　[協] 協働筋
　　[ポ] ポイント
　　[注] 注意点

ヒンズースクワット（椅子の背もたれ利用）【幼児・体力低下の高齢者】
[主]大腿四頭筋・ハムストリングス・大臀筋、[協]内転筋群・脊柱起立筋・下腿三頭筋

自重

①椅子の背もたれを握り、足幅は踵で肩幅にする、②つま先を少し外側にし、背筋を伸ばして前を見る。[ポ]足裏全体を床に付け、バランスをとる。[注]椅子から離れ過ぎない。

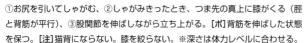

吸う3秒 ➡
⬅ 吐く3秒

①お尻を引いてしゃがむ、②しゃがみきったとき、つま先の真上に膝がくる（脛と背筋が平行）、③股関節を伸ばしながら立ち上がる。[ポ]背筋を伸ばした状態を保つ。[注]猫背にならない。膝を絞らない。※深さは体力レベルに合わせる。

ヒンズースクワット（椅子の利用）【体力低下の高齢者】
[主]大腿四頭筋・ハムストリングス・大臀筋、[協]内転筋群・脊柱起立筋・下腿三頭筋

自　重

①椅子の前足に踵を付けて浅く腰かけ、足幅は踵で肩幅にする、②つま先を少し外側にして、膝の真下につま先がくる、③手は軽く膝に当てるか、胸の前で組む、④背筋を伸ばして、前を見る。[ポ]足裏全体を床に付け、バランスをとる。[注]猫背にならない。

吐く3秒 ➡
⬅ 吸う3秒

①股関節を伸ばしながら立ち上がる（背筋をまっすぐに保つ）、②お尻を引いて腰かける。[ポ]背筋を伸ばした状態を保つ。[注]猫背にならない。膝を絞らない。※体力に合わせて座布団を敷く場合がある。

ヒンズースクワット【小学生〜】
[主]大腿四頭筋・ハムストリングス・大臀筋、[協]内転筋群・脊柱起立筋・下腿三頭筋

自　重

①足幅を踵で肩幅にとる、②つま先を少し外向に向け、背筋をまっすぐにして、足裏全体で体を支える、③手は頭に添えるか、胸の前で組む、④胸を張って、前を見る。[ポ]足裏全体で支える。[注]腰が前に入り過ぎない。

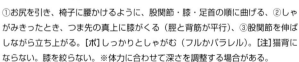

吸う3秒 ➡
⬅ 吐く3秒

①お尻を引き、椅子に腰かけるように、股関節・膝・足首の順に曲げる、②しゃがみきったとき、つま先の真上に膝がくる（脛と背筋が平行）、③股関節を伸ばしながら立ち上がる。[ポ]しっかりとしゃがむ（フルかパラレル）。[注]猫背にならない。膝を絞らない。※体力に合わせて深さを調整する場合がある。

フロントランジ（歩幅中）【幼児〜】

[主]大腿四頭筋・ハムストリングス・大臀筋、大腰筋、[協]転筋群・下腿三頭筋・脊柱起立筋

自重

①両足をそろえて、背筋をまっすぐ伸ばし、足裏全体でしっかりと身体を支えて立つ（足裏の中心・股関節・肩・頭は一直線で鉛直方向）、②腰に手を当てて胸を張り、前を見る。[ポ]足裏全体で体を支える。[注]姿勢を崩さない。

吸う2秒 ➡

← 吐く1秒

①片足を踏み出し、上体を少し前傾しながら膝を曲げていく（つま先を正面に向け、膝を合わせる）、②前足は足裏全体をしっかりと床に付け、曲げきった膝はつま先の上にくる（前足の太ももは水平になる）、③残した後ろ足はつま先立ちで踵を浮かし、自然に膝を曲げてバランスをとる、④踏み出した前足を元に戻したら、今度は反対の足を前に出して行う。[ポ]左右前後のバランスを保つ。[注]膝が内側に入らない、出過ぎない。前足の踵を浮かさない。※歩幅と深さで強度を調節する、ダンベルを持って強度を強くできる。

プローンアームレッグレイズ（腹ばい）【幼児〜】

[主]背筋群・大臀筋・ハムストリングス、[協]僧帽筋・三角筋・腕

自重

①腕・脚を伸ばして、腹ばいになって寝る、②体全体に力を入れる、③頭を起こして、1〜2m先の床を見る。[ポ]体をしっかりと伸ばす。[注]筋肉を緩めない。

吸う2秒 ➡

← 吐く2秒

腕と脚を左右交互に、対角線で同時に上げる（右腕と左脚を同時に上げたら、構えに戻り、今度は左腕と右脚を同時に上げる）。※慣れてきたら、右腕と左脚を同時に5回繰り返した後、反対側を5回行う。[ポ]腕と脚はしっかりと伸ばす。[注]バランスを崩さない。

プローンアームレッグレイズ（膝立）【小学生〜】
[主]背筋群・腹筋群、[協]大臀筋・ハムストリングス・僧帽筋・三角筋

自　重

①四つんばいのキレイな箱型をつくる（両手・両膝で体を支える）、②背中を平らにする、③頭を起こして、2〜3m先の床を見る。[ポ]手と膝で均等にバランスをとる。[注]背中を反り過ぎない。

吸う3秒 ➡
⬅ 吐く3秒

①床に付けた片膝と片手で体を支え、もう片方の腕と足を、対角線で伸ばして上げる（左手と右膝を床に付けた場合、右腕と左脚を伸ばして、バランスをとりながらゆっくりと上げる）、②上げた方の腕と脚を下ろして構えに戻る、③次は反対側を行う。※慣れてきたら、片側を連続で行い、その後反対側を行う。その場合、伸ばす方の腕と脚は床から浮かしたままで行う。[ポ]膝・肘をしっかりと伸ばす。[注]バランスを崩さない。

グッドモーニング（おじぎ）【小学生〜】
[主]ハムストリングス・大臀筋、[協]脊柱起立筋

自　重

①足を閉じて、胸を張り背筋をまっすぐにする（足裏の中心・股関節・肩・頭は一直線で鉛直方向）、②手は頭の後ろか、胸の前に持ってくる、③足裏全体でバランスをとり、前を見る。[ポ]足裏全体でバランスをとる。[注]体幹を緩めない。

吸う3秒 ➡
⬅ 吐く3秒

①背中を平らにして、お尻を後ろへ引く、②頭を起こし、少し膝を曲げながら上体を水平まで倒す（目線は2〜3m先の床を見る）、③背中を平らに保ちながら、元の姿勢に戻る。[ポ]適度に膝を曲げる。[注]猫背にならない。お尻を下げ過ぎない。

斜め懸垂【小学生〜】
[主]広背筋、[協]上腕二頭筋・僧帽筋・三角筋後部

自 重

①胸の高さのバーを、肩幅の1.5倍ほどで握る、②バーの下前方に両足を揃えて置き、バーの高さに首がくるようにする、③腕を伸ばして、体全体をまっすぐにする（腕と上体は90度にする）、④頭を起こしてバーを見る。[ポ]体をまっすぐにする。[注]足を前に入れ過ぎない。

吸う3秒 ➡

⬅ 吐く3秒

①背筋を伸ばしたままで、バーに胸の上部を引き付ける（バーと前腕が垂直になる）、②こらえながら戻す。[ポ]体を真っすぐに保つ。[注]反動を付けない。

チンニング【中学生〜】
[主]広背筋、[協]上腕二頭筋・僧帽筋・三角筋後部

自 重

①手幅は肩幅より手のひら一つ強外側（1.6倍）で握る、②バーにぶら下がり、膝を直角に曲げるか足を組む、③背筋をまっすぐにして、バーを見る。[ポ]肩甲骨を開く（上方回旋・外転）。[注]肩をすくめない。

吸う1秒 ➡

※力発揮を重視する場合は
呼吸が逆になる

⬅ 吐く2秒

①胸を張って、肩甲骨を寄せながら、②バーを胸の上部に引きつけるように体を引き上げる（上体を反らし、動作中、バー・手首・肘のラインは鉛直方向）、③重さを感じながら、元に戻す。[ポ]肩甲骨を回す（下方回旋・内転）。[注]腕だけで引かない。胸を丸めない。

プッシュアップ（膝立）【小学生～】
[主]大胸筋、[協]上腕三頭筋・三角筋前部

自　重

①膝を立て、四つん這いになる、②手幅は肩幅より手のひら一つ分外側にする、③指先を少し内側にして肘を伸ばす、④胸を張って肩甲骨を寄せ、背筋をまっすぐにする、⑤頭を起こして自然に前を見る。[ポ]両膝・両手で均等にバランスをとる。[注]肩をすくめない。

吸う3秒 ➡
← 吐く3秒

①胸を張って、頭が前に出るようにして下ろす（背筋は適度なアーチになり、前腕は鉛直を保つ）、②バランスをとりながら押し上げる。[ポ]手と手の間に胸がくる。[注]肘が手首の真上から外れない。※手と膝までの距離で負荷の強さを調整する。

プッシュアップ（膝附）【小学生～】
[主]大胸筋、[協]上腕三頭筋・三角筋前部

自　重

①手幅は胸の真横から手のひら一つ分外側にする、②指先を少し内側にして、前腕を鉛直にする、③胸を張って肩甲骨を寄せ、背筋をまっすぐにする、④頭を起こして自然に床を見る。[ポ]手首の真上に肘がある。[注]手の位置は胸の真横の方向から外れない。

吐く3秒 ➡
← 吸う3秒

①膝を床につけたままで押し上げる、②上体を無理のない適度のアーチを保ちながら行う（膝から肩まで、アーチが大きくなるほど負荷は小さくなる）、③ゆっくりと、こらえながら戻す。[ポ]胸の張りを保つ。[注]猫背にならない。腰を反り過ぎない。

プッシュアップ（基本）【小学校高学年〜】
[主]大胸筋、[協]上腕三頭筋・三角筋前部・体幹筋部

①手幅は胸の真横から手のひら一つ分外側にする、②指先を少し内側にして、前腕を鉛直にする、③胸を張って肩甲骨を寄せ、背筋をまっすぐにする、④頭を起こして自然に床を見る、⑤体を床から浮かす。[ポ]手首の真上に肘がくる。[注]手の位置は胸の真横の方向から外れない。

吐く3秒 ➡

※力発揮を重視する場合は1秒（吐く）で上げ、2秒（吸う）で下ろす〈中学生以上〉

◀ 吸う3秒

①全身をまっすぐにしたままで押し上げる、②こらえながら胸が床に付くまで下げ、体を浮かした構えの姿勢に戻る。[ポ]胸の張りを保つ。[注]腰を反り過ぎない。

ディップ【一般人】
[主]大胸筋下部、[協]上腕三頭筋・三角筋前部

①バーを握って体を支えて浮かし、膝を直角に曲げて足を組む（バー・手首・肘・肩は一直線で鉛直）、②体幹をまっすぐにして固定する、③下半身と上半身のバランスをとり、自然に斜め下を見る。[ポ]バランスをとって体を支える。[注]肩を上げ過ぎない。

吸う2秒➡

◀ 吐く1秒

①胸を張り、体が前に出るようにして肘を曲げる（前腕は鉛直を保つ）、②バランスをとりながら押し上げる。[ポ]胸の張りを保つ。[注]肘が手首の真上から外れない。

ぶら下がり【幼児】
[主]前腕の指屈筋群

①手幅を肩幅にしてバーをしっかりと握る、②両足を床から離してぶら下がる、③数秒間そのままこらえる。[ポ]足はゆっくりと床から離す。[注]勢いを付けない。

呼吸は
自然にする

デクライン・シットアップ【高校生〜】
[主]腹直筋・腸腰筋、[協]大腿四頭筋・腹横筋

①腹筋台のパッドに足をかけ、膝を直角に曲げて横になる、②手を頭に添え、胸を張って、腹を凹ませる（息を大きく吸い込む）、③天井を見る。[ポ]膝を直角に曲げる。[注]台から腰を浮かさない。

吐く1秒 ➡
⬅ 吸う2秒

①胸を丸め、円弧を描くようにして上体を起こす（頭を上げて、目線は天井から膝に向ける）、②胸を膝の方へ近づける（上体が鉛直方向になるまで上げる）、③こらえながら戻す。[ポ]胸を丸めるようにして、上体を起こす。[注]上体を反らさない。

クランチ【小学校高学年〜】
[主]腹直筋、[協]腹横筋

①仰向きに寝て、膝を直角に曲げて横になり、足裏全体を床に付ける、②手は頭に添え、胸を張って、腹を凹ませる（息を大きく吸い込む）、③天井を見る。[ポ]背中全体を床に付ける。[注]反り腰にならない。膝を伸ばし過ぎず、曲げ過ぎない。

吐く3秒 ➡
← 吸う3秒

①腰は床に付けたままで、胸を丸めるようにして、上体を起こす（目線は天井から膝に向ける）、②できるだけ頭を上げる（腹直筋に力を入れ、胸椎をできるだけ丸める）、③こらえながら戻す。[ポ]胸を丸めて、上体を起こす。[注]床から腰を浮かさない。首を曲げ過ぎない。

レッグレイズ【小学校高学年〜】
[主]腹直筋・腸腰筋、[協]大腿四頭筋

①仰向きに寝て、膝を直角に曲げ、足裏全体を床に付ける、②手はお尻の横に置き、胸を張って、腹を凹ませる（息を大きく吸い込む）、③天井を見る。[ポ]背中全体を床に付ける。[注]反り腰にならない。膝を伸ばし過ぎず、曲げ過ぎない。

吐く3秒 ➡
← 吸う3秒

①膝を直角に曲げたまま、円弧を描くようにして、足を上げる、②膝を鉛直より、もう少し胸側に持ってくる、③こらえながら戻す。[ポ]上体をしっかりと固定する。[注]床から腰を浮かさない。膝を伸ばし過ぎず、曲げ過ぎない。

インクライン・レッグレイズ【高校生〜】
[主]腸腰筋・腹直筋、[協]大腿四頭筋

自重

①腹筋台に仰向きに寝て、膝を直角に曲げ、足裏全体を台に付ける、②肘を少し曲げてレバーを握り、胸を張って、腹を凹ませる（息を大きく吸い込む）、③後頭部を台に付けて、自然に上を見る。[ポ]背中全体を台に付ける。[注]反り腰にならない。膝を伸ばし過ぎず、曲げ過ぎない。

吐く1秒 ➡
← 吸う2秒

①膝を直角に曲げたまま、円弧を描くようにして、足を上げる、②膝を腹筋台に対して垂直より、もう少し胸側に持ってくる、③こらえながら戻す。[ポ]上体をしっかりと固定する。[注]台から腰を浮かし過ぎない。膝を伸ばし過ぎず、曲げ過ぎない。

バックエクステンション【高校生〜】
[主]ハムストリングス・大臀筋、[協]脊柱起立筋

自重

①パッドに足首後部をかけ、膝を伸ばして台に太ももを載せる（太ももは股関節を動かしやすい位置にする）、②背筋をまっすぐに伸ばして上体を下ろす、③手は頭に添えるか胸の前で組み、頭を起こし、自然に床を見る。[ポ]背筋をまっすぐにする。[注]太ももを乗せる台に骨盤を置かない。

吸う1秒 ➡
※力発揮を重視すると、呼吸は逆になる
← 吐く2秒

①股関節を支点に、円弧を描くようにして上体を上げる、②上体真っすぐにしたままで、水平より少し高く上げる、③バランスを保ちながら下ろす。[ポ]大きく動かす。[注]猫背にならない。上体を反り過ぎない。

インクラインプレス【一般人】
[主]大胸筋上部、[協]上腕三頭筋・三角筋前部

バーベル

①インクライン台のシートに座って、背もたれに背中を付けて寝る、②手幅は肩からこぶし一つほど外側にとる（肩幅の1.6倍）、③足裏全体を床に付け、後頭部を背もたれに付けて体幹を反らし、胸を張る、⑤バーを見てラックから押し上げ、肩の真上に持ってくる（真横から見で、バーの芯・手首・肘・肩は一直線）。[ポ]背中上部でバランスをとる。[注]肩・お尻を浮かさない。バーベルが肩の真上から外れない。

吸う2秒 ➡
⬅ 吐く1秒

①胸を張ったまま、バーの芯の真下に手首・肘を保ちながら下げる（弓を弾くイメージ）、②バーを胸の上部（鎖骨の手前）に付ける（真横から見て、バーの芯・手首・肘が一直線で垂直）、③胸を張ったままで、押し上げる。[ポ]胸の張りを保つ。[注]バーベルを傾けない。肘がバーの真下から外れない。

スタンディング・バックプレス【高校生～】
[主]三角筋、[協]僧帽筋・上腕三頭筋

バーベル

①手幅は肩からこぶし一つほど外側（肩幅の1.6倍）にとる、②バーは僧帽筋が一番分厚いところで担ぎ、バーベルを安定させる、③足幅はつま先で肩幅にとり、つま先は少し外側にする、④足裏全体でバランスをとり、前を見る。[ポ]足裏全体でバランスをとる。[注]上体を反り過ぎない。

吐く1秒 ➡
⬅ 吸う2秒

①肘を伸ばしながら、バーを頭上に押し上げる（バー・手首・肘のラインは一直線で鉛直方向に保つ）、②肘を伸ばしてバーを支える（バーベルのバーから下ろした重心線が、足裏の土踏まずの中心にある）、③バランスをとりながら下げる。[ポ]体幹の固定。[注]手首・肘はバーの真下から外れない。前後左右のバランスに気をつける。

フロントプレス【一般人】
[主]三角筋前部、[協]僧帽筋・上腕三頭筋

バーベル

①手幅は肩幅より少し広めにとる、②バーは首の付け根の胸の上部に載せ、バーベルを安定させる、③足幅はつま先で肩幅にとり、つま先は少し外側にする、④足裏全体でバランスをとり、前を見る。[ポ]足裏全体でバランスをとる。[注]上体を反り過ぎない。手幅を広くし過ぎると肘が捻じれる。

吐く1秒 ➡

⬅ 吸う2秒

①肘を伸ばしながら、バーを頭上に押し上げる（バー・手首・肘のラインは一直線で鉛直方向に保つ）、②肘を伸ばして、バーを支える（バーベルの芯から下ろした重心線が、足裏の土踏まずの中心にある）、③バランスをとりながら下げる。[ポ]体幹の固定。[注]手首・肘はバーの真下から外れない。前後左右のバランスに気をつける。

ショルダーシュラッグ【一般人】
[主]僧帽筋、[協]肩甲挙筋、[注]ダンベルを用いてもよい

バーベル

①足幅を肩幅よりやや狭くし、つま先を少し外側にする、②手幅は肩幅にして、順手で握る、③バーベルを太ももに付けて胸を少し丸め、肘を伸ばし、肩を落とす（上体を少し前傾して、腕は鉛直にする）、④足裏全体でバランスをとり、前を見る。[ポ]体幹を固定し、僧帽筋を伸ばす。[注]胸を張り過ぎない。

吸う1秒 ➡

⬅ 吐く2秒

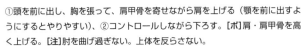

①頭を前に出し、胸を張って、肩甲骨を寄せながら肩を上げる（顎を前に出すようにするとやりやすい）、②コントロールしながら下ろす。[ポ]肩・肩甲骨を高く上げる。[注]肘を曲げ過ぎない。上体を反らさない。

アップライトロウ【一般人】
[主]僧帽筋・三角筋中央部、[協]前鋸筋・上腕二頭筋

バーベル

①足幅は肩幅よりやや狭めにし、つま先は少し外側にする、②手幅は拳（こぶし）二つ分ほど開ける、③背筋をまっすぐにして体幹を固定し、前を見る。[ポ]足裏全体でバランスをとる。[注]腰が入り過ぎない。

吸う1秒 ➡

⬅ 吐く2秒

①バーを体の前面に沿って、引き上げる、②肘を張って、首の付け根に引き付ける（肘をバーの上方向に保つ）、③こらえなら、元に戻す。[ポ]肘を張る。[注]肘を下げ過ぎない。バーを体前面から離さない。

バーベルカール【高校生〜】
[主]上腕二頭筋、[協]上腕筋・腕橈骨筋

バーベル

①足幅を肩幅よりやや狭めにし、つま先を少し外側にする、②手幅は肩幅にして、逆手（さかて：リバースグリップ）で握る、③バーベルを太ももに付けてセットし、前腕に力を入れ手首を固定する（前腕外側と手の甲を直線にする）、④足裏全体でバランスをとり、前を見る。[ポ]体幹を固定する。[注]肩をすくめない。

吸う1秒 ➡

※力発揮を重視すると、
呼吸は逆になる

⬅ 吐く2秒

①肘を曲げて、少しだけ前に出しながらバーベルを上げる（手首はまっすぐに保つ）、②バーを肩の高さまで持ってくる（バーが鎖骨の前にくる）、③こらえながら戻す。[ポ]大きな動きをする。[注]手首を外側・内側へ曲げ過ぎない。肘・肩の動き過ぎに気をつける。

プーリチャーカール【一般人】
[主]上腕筋・腕橈骨筋、[協]上腕二頭筋

バーベル

①シートに座り、上腕二頭筋を上に向け、カール台に腕を預ける、②（EZ）バーを肩幅で握り、台から脇を少し開け、肘を少しだけ曲げる、③前腕の外側と手の甲を直線にして、手首を固定する、④足裏全体を床に付け、前を見る。[ポ]上腕三頭筋・肘頭をカール台に付ける。[注]脇を台に深く入れ過ぎない。肘を伸ばし過ぎない。

| 吸う1秒 ➡ |
| ⬅ 吐く2秒 |

①肘を曲げてバーベルを上げながら、肩をホンの少し引いてバランスをとる、②前腕が上腕に対して60度くらいまで曲げる、③こらえながら戻す。[ポ]大きな動きをする。[注]バーを上げ過ぎない、手首を外側へ曲げ（背屈させ）ない。

ナロウグリップベンチプレス【一般人】
[主]上腕三頭筋、[協]大胸筋・三角筋前部

バーベル

①ベンチ台に仰向けに寝て、バーの真下に目がくるようにする、②手幅は肩幅か、それよりも少し狭くとる、③足幅は肩幅、つま先は少し外側で膝の真下にし、足裏全体を床に付ける、④お尻・後頭部をベンチ台に付けて体幹を少し反り気味にして胸を張る、⑤バーを見てラックから押し上げ、肩の真上に持ってくる（真横から見て、バーの芯・手首・肘・肩は一直線）。[ポ]背中の上部でバランスをとる。[注]肩が浮いたり、お尻が浮いたりしない。バーベルが肩の真上から外れない。

| 吸う2秒 ➡ |
| ⬅ 吐く1秒 |

①肘をバーの芯の真下に保ち、少し腹側にして下げる（弓を弾くイメージ）、②バーを胸の一番高いところに付ける、③背中でバランスをとりながら、押し上げる。[ポ]大きく動かす。[注]バーベルを傾けない。手首に負担をかけ過ぎない。

トライセプスプレス・ライイング【一般人】
[主]上腕三頭筋、[協]広背筋・大胸筋・肘筋

バーベル

①手幅は拳二つ分ほど開けるようにする、②頭をベンチ台から出して顎を上げ、つま先はやや外側へ向け、ベンチ台にお尻を付ける、③腕を伸ばして鉛直方向に向け、バーを見る。[ポ]バーは鉛直方向にする。[注]手幅は狭過ぎず、広過ぎない。

吸う2秒 ➡

← 吐く1秒

①肘を伸ばしたままで、腕を頭の方へ30度ほど傾ける（胸を張り胸郭を開く）、②肘頭を真上（天井）に向けたまま、しっかりと肘を曲げる（肘をもう少し頭の方へ動かし、バーが額に付くぐらい曲げる）、③肘を伸ばし元に戻す。[ポ]肘頭を真上（天井）に向けたまま行う。[注]肘を開き過ぎない、絞り過ぎない。手首を外側へ反らし過ぎない。

ダンベルスクワット【小学校高学年・中学生〜】
[主]大腿四頭筋・ハムストリングス・大臀筋、[協]内転筋群・脊柱起立筋・下腿三頭筋

ダンベル

①ダンベルを持ち、足幅を踵で肩幅にとる、②つま先を少し外向に向け、ダンベルを肩のところへ持ってくる、③足裏全体でバランスをとり、背筋をまっすぐして前を見る。[ポ]足裏全体で体を支える。[注]腰が前に入り過ぎない。

吸う3秒 ➡

← 吐く3秒

①お尻を引き、椅子に腰かけるように、股関節・膝・足首の順に曲げる、②しゃがみきったとき、つま先の真上に膝がくる（脛と背筋が平行）、③股関節を伸ばしながら立ち上がる。[ポ]しっかりとしゃがむ（フルかパラレル）。[注]①猫背にならない、②膝を絞り、出し過ぎず、引き過ぎない。

ダンベルプレス【高校生～】
[主]大胸筋、[協]上腕三頭筋・三角筋前部

ダンベル

①ベンチ台に寝て、ダンベルを胸の横から上方に押し上げ、腕を伸ばす、②足幅は肩幅よりやや広めにとり、つま先はやや外側へ向け、膝の真下にする、③お尻・後頭部を台に付け、上体を反らして胸を張る、④手幅は肩幅にとり、手の甲を頭側に向け、ダンベルを肩の真上に保つ（グリップ・手首・肘・肩は一直線で鉛直）、⑤足裏全体を床に付け、ダンベルを見る。[ポ]肩甲骨を寄せ、胸を張る。[注]グリップが肩の真上から外れない。

吸う2秒 ➡

← 吐く1秒

①グリップの真下に、手首・肘を保ちながら、胸の横に下ろす、②肘の角度を90度よりやや鋭角になるまで下ろす、③胸を張ったまま押し上げる（ダンベルはやや内側向き）。[ポ]胸の張りを保つ。[注]バランスを崩さない。肘がグリップの真下から外れない。

ダンベルプレスの構えと動きの最下点

手の甲を頭側にした場合

手の甲を斜め45度にした場合

手の甲を外側にした場合

ダンベルプレス（軽重量使用）【小学校高学年・中学生〜】
[主]大胸筋、[協]上腕三頭筋・三角筋前部

①ベンチ台に寝て、ダンベルを胸の横から上方に押し上げ、腕を伸ばす、②足幅は肩幅よりやや広めにとり、つま先はやや外側へ向け、膝の真下にする、③お尻・後頭部を台に付け、上体を反らして胸を張る、④手の甲を外側に向け、ダンベルを胸の真上にする（手幅は肩幅より狭めにとり、腕をお腹の方に少し傾ける）、⑤足裏全体床に付け、ダンベルを見る。[ポ]胸を張る。[注]腕をお腹側へ傾け過ぎない。

吸う3秒 ➡
⬅ 吐く3秒

①グリップの真下に、手首・肘を保ちながら、胸の横に下ろす、②肘の角度を90度よりやや鋭角になるまで下ろす、③胸を張ったまま押し上げる。[ポ]胸の張りを保つ。[注]バランスを崩さない。肘がグリップの真下から外れない。

インクライン・ダンベルプレス【一般人】
[主]大胸筋上部、[協]上腕三頭筋・三角筋前部

①インクライン台のシートに座って、ダンベルを胸の横に持ってくる、②ダンベルを真上に押し上げ、腕を伸ばす、③後頭部を背もたれに付けて上体を反らし、胸を張る、④ダンベルが肩の真上にくるようにする（腕は鉛直）、⑤足裏全体を床に付け、ダンベルを見る。[ポ]背中上部でバランスをとる。[注]肩・お尻を浮かさない。グリップが肩の真上から外れない。

吸う2秒 ➡
⬅ 吐く1秒

①胸を張ったまま、グリップの真下に手首・肘を保ちながら下げる（弓を弾くイメージ）、②ダンベルを大胸筋上部の横に持ってくる（前腕は鉛直）、③胸を張ったままで、押し上げる。[ポ]胸の張りを保つ。[注]左右のバランスを崩さない。肘がグリップの真下から外れない。

ダンベルフライ【高齢者】
[主]大胸筋、[協]三角筋前部・上腕二頭筋

ダンベル

①床に仰向けで寝て、両膝をそろえて90度に曲げる、②ダンベルを胸の真上に持っていき、腕を伸ばして胸を張る（腕はお腹のほうへ少し傾ける）、③ダンベルは肩幅か、やや狭めにセットする、④足裏全体を床につけ、ダンベルを見る。[ポ]胸を張る。[注]肩を上げない。

吸う3秒 ➡

← 吐く3秒

①少し肘を曲げながら、円弧を描くようにして、肘頭が床に付くまで下ろす（肘が床に付いたとき、ダンベルは床から10cm程度にある）（ダンベルの位置は胸の真横の方向にある）、②肘を伸ばしながら、バランスを保って上げる。[ポ]ダンベルは胸の真横に下ろす。[注]肘を伸ばしたまま行わない。前腕を寝かせない。

ダンベルフライ【一般人】
[主]大胸筋、[協]三角筋前部・上腕二頭筋

ダンベル

①ベンチ台に寝て、ダンベルを胸の横から上方に押し上げ、腕を伸ばす、②足幅を肩幅ほどにとり、つま先をやや外側へ向け、膝の真下にする、③お尻・後頭部を台に付け、上体を反らして胸を張る、④手幅は肩幅か、やや狭めにして、手の甲を外側に向ける（真横から見て、グリップ・手首・肘・肩は一直線で鉛直）。⑤足裏全体を床に付け、ダンベルを見る。[ポ]胸を張る。[注]グリップが肩の真上から外れない。

吸う2秒 ➡

← 吐く1〜2秒

①少し肘を曲げながら、胸の真横に向かって、円弧を描くようにして下ろす（肘頭が真下になるように保つ。下げ切ったとき、ダンベルの位置は胸の真横の方向にある。真横から見て、ダンベルを首に近い高さまで下ろす）、②肘を伸ばしながら、バランスを保って上げる。[ポ]胸の張りを保つ。[注]真横から見て肘がグリップの真下から外れない。ダンベルを肩の真横方向にすると、肩の負担が増す。

プルオーバー【一般人】
[主]大胸筋、[協]広背筋・上腕三頭筋

ダンベル

①ベンチ台に横向きに寝て、中央部に肩を持ってくる、②ダンベルを立て、両手を重ねてプレートの内側を支え、腕を伸ばす、③ダンベルを肩の真上で支えてから、腕を少しだけ頭の方へ傾ける、④お尻を落として、足裏全体を床に付け、ダンベルを見る。[ポ]胸を張る。[注]バランスに気をつける。

吸う2秒 ➡

⬅ 吐く1秒

①胸を張ったまま、肘を少し曲げながら、円弧を描くようにして下ろす（ダンベルを下げながら、同時にお尻も下げる）、②上腕が水平になるくらいまで下ろす（肘は少し曲げたままで、腕には力を入れておく）、③バランスをとりながら上げる。[ポ]肩で支え、お尻とダンベルでバランスをとる。[注]腕の力を抜かない。ボトムで肘を伸ばしきらない。

ダンベルベントオーバーロウ【中学生〜】
[主]広背筋、[協]脊柱起立筋・上腕二頭筋・三角筋後部

ダンベル

①足幅は肩幅よりやや狭めにし、つま先をほんの少しだけ外側にする、②ダンベルを持って腰を折り、背筋（体幹）をまっすぐにして、膝を曲げる、③ダンベルを足首の外側にして、足裏全体でバランスをとる（上体は水平もしくは、若干頭側を高めにして、肩甲骨を外側に開く）、④頭を起こして、前を見る。[ポ]体幹をまっすぐに固定する。[注]ダンベルを足首から離さない。

吸う3秒 ➡

⬅ 吐く3秒

①背筋をまっすぐのまま、脚の側面に沿ってダンベルを引き上げる（肘を後ろへ引くイメージ）、②ダンベルを脇腹に引き付ける（肘が90度ほど曲がり、前腕は鉛直）、③コントロールしながら、元の姿勢に戻す。[ポ]肩甲骨を動かす。[注]猫背にならない。上体を起こし過ぎない。

ワンハンドロウ【一般人】
[主]広背筋、[協]上腕二頭筋・三角筋後部

ダンベル

①ベンチ台の側面に、同じ側の手と膝を置く、②反対側の足は床に付け、手にダンベルを握って腕を伸ばす、③床に付けた足の膝を少し曲げ、ダンベルを床から10cmほどにする（上体は水平か、若干頭側を高めにし、肩甲骨を外側に開く）（ダンベルを握っている腕は鉛直方向）、④背筋（体幹）をまっすぐにして頭を起こし、斜め下前方を見る。[ポ]体幹をまっすぐに固定する。[注]バランスを崩さない。

吸う1秒 ➡
⬅ 吐く2秒

①背筋をまっすぐのまま肘を曲げ、ダンベルを脇腹へ引き上げる（肘を後ろへ引くイメージ）（ベンチ台の手と膝、床に付けた足裏でバランスをとる）（肘が90度ほど曲がり、前腕は鉛直）、②コントロールしながら、元の姿勢に戻す。[ポ]肩甲骨を大きく動かす。[注]上体を捻り過ぎない。猫背にならない。肘がグリップの真上から外れない。

ダンベルスタンディングプレス【小学校高学年・中学生〜】
[主]三角筋、[協]僧帽筋・上腕三頭筋

ダンベル

①直立して、ダンベルをしっかりと握り、肩の前か横に構える（グリップ・手首・肘は鉛直）、②足幅は肩幅よりやや狭めにとり、つま先は少し外側にする、③足裏全体でバランスをとり、前を見る。[ポ]足裏全体でバランスをとる。[注]上体を反り過ぎない。手首を外側へ曲げ過ぎない。

吐く3秒 ➡
⬅ 吸う3秒

①肘を伸ばしながら、ダンベルを頭上に押し上げる（前腕は一直線で鉛直方向に保つ）、②肘を伸ばして、ダンベルを支える（腕・体幹・脚が一直線で垂直になり、グリップから下ろした重心線と重なり、足裏の土踏まずの中心にある）、③バランスをとりながら下げる。[ポ]大きく動かす。[注]手首・肘はグリップの真下から外れない。バランスに気をつける。

サイドレイズ【高校生〜】
[主]三角筋中央部、[協]僧帽筋

①ダンベルを握って直立し、腕を伸ばし体側に付ける、②足幅は肩幅よりやや狭めにし、つま先を少し外側にする、③背筋をまっすぐにして体幹を固定する、④足裏全体でバランスをとり、前を見る。[ポ]体幹を固定する。[注]肩をすくめない。

吸う1秒 ➡
⬅ 吐く2秒

①肘を少し曲げながら、肘を真横に引き上げる（上げたときには、ダンベルは体の少し前にある）、②肩の高さまでしっかり上げる（正面から見て、ダンベル・手首・肘・肩は一直線でほぼ水平）、③こらえながら戻す。[ポ]肘を少し曲げながら、肘から上げる。[注]肘を下げない。上体を反らし過ぎない。

ダンベルアップライトロウ【高齢者】
[主]僧帽筋・三角筋中央部、[協]前鋸筋・上腕二頭筋

①ダンベルを握って直立し、腕を伸ばし太もも前に付ける、②足幅は肩幅よりやや狭めにし、つま先は少し外側にする、③背筋をまっすぐにして体幹を固定する、④足裏全体でバランスをとり、前を見る。[ポ]足裏全体でバランスをとる。[注]腰が入り過ぎないようにする。

吸う3秒 ➡
⬅ 吐く3秒

①ダンベルを体の前面に沿って、引き上げる、②肘を張って、首の付け根に引き付ける（肘をダンベルの上方向に保つ）、③こらえなら、元に戻す。[ポ]肘を張る。[注]肘を下げ過ぎない。ダンベルを体前面から離さない。

ダンベルカール【小学校高学年～】
[主]上腕二頭筋、[協]上腕筋・腕橈骨筋

ダンベル

①ダンベルを握って直立し、腕を伸ばし体側に付ける、②足幅は肩幅よりやや狭めにし、つま先は少し外側にする、③背筋をまっすぐにして体幹を固定する、④足裏全体でバランスをとり、前を見る。[ポ]体幹を固定する。[注]肩をすくめない。

吸う3秒 ➡

⬅ 吐く3秒

①体側にあるダンベルを外側に回（回外）し、正面に向ける、②前腕の外側と手の甲を直線にして、手首を固定する、③肘を曲げて、少しだけ前に出しながらダンベルを上げる（手首はまっすぐに保つ）、④ダンベルを肩の高さ（鎖骨の前）まで持ってくる。⑤こらえながら戻して、ダンベルを内側に回（回内）して閉じる。[ポ]大きな動きをする。[注]手首を外側・内側へ曲げ過ぎない。肘・肩の動き過ぎに気をつける。

コンセントレーションカール【一般人】
[主]上腕筋・腕橈骨筋、[協]上腕二頭筋

ダンベル

①ダンベルを一つ持ち、足を大きめに開いて台に腰かける、②太もも内側に上腕三頭筋下部を付けて、肘を少し曲げ、腕を伸ばす、③ダンベル側に捻った背筋を真っすぐにする、④前腕の外側と手の甲を直線にして、手首を固定する。⑤足裏全体を床に付け、肩越しにダンベルを見る（頭・肩・肘・手首・グリップのラインは斜めで直線にそろえる）。[ポ]特に、ダンベル側の足裏全体を意識して床に付け、体幹を固定する。[注]肩を肘の前方に出さない。

吸う1秒 ➡

⬅ 吐く2秒

①手首を固定し、バランスをとりながら、肘を曲げる、②肩の前方まで上げる、③こらえながら下ろす。[ポ]大きな動きをする。[注]手首を外側へ曲げ（背屈させ）ない。肩を上げてすくめない。

ダンベル・トライセプスプレス・スタンディング【高齢者】
[主]上腕三頭筋、[協]肘筋

ダンベル

①一つのダンベルの外側を両手で握って直立し、腕を伸ばして万歳する、②足幅は肩幅よりやや狭めにし、つま先は少し外側にする、③背筋をまっすぐにして体幹を固定し、体全体を鉛直にする、④足裏全体でバランスをとり、前を見る。[ポ]体幹を固定する。[注]ダンベルが頭上から外れない。

吸う3秒 ➡
⬅ 吐く3秒

①円弧を描くようにして、ゆっくりと丁寧に肘を曲げる、②手首・体幹を固定して、肩の後ろ側まで下ろす、③バランスをとりながら頭上に上げる。[ポ]肘頭を鉛直方向に保つ。[注]両肘が開き過ぎない。上体を反り過ぎない。

ダンベル・トライセプスプレス・ライイング【高齢者】
[主]上腕三頭筋、[協]広背筋・大胸筋・肘筋

ダンベル

①ダンベルを持ち、ベンチ台に寝て、腕を上向きに伸ばす、②頭をベンチ台から出して顎を上げ、つま先はやや外側へ向け、ベンチ台にお尻を付ける、③両方のダンベルは肩幅よりやや狭めにする、④手首を固定し、腕を鉛直方向か、頭の方へ少し傾け、ダンベルを見る（頭の方へ傾ける場合、目の真上方向に構える）。[ポ]胸を張る。[注]左右のダンベルを離し過ぎない。

吸う3秒 ➡
⬅ 吐く3秒

①肘頭を真上（天井）に向けたまま、円弧を描くようにして肘を曲げる（手首を固定したままで、胸を張る）（肘をもう少し頭の上方へ動かし、ダンベルが耳に付くぐらい曲げる）、②肘を伸ばし元に戻す。[ポ]肘頭を真上（天井）に向けたまま行う。[注]肘を開き過ぎない、絞り過ぎない。手首を外側へ反らし過ぎない。

スミスマシン・スクワット【一般人】
[主]大腿四頭筋・ハムストリングス・大臀筋、[協]内転筋群・脊柱起立筋・下腿三頭筋

マシン

①手幅は肩幅よりこぶし一つ強外側（肩幅の1.6倍）にとる、②バーを僧帽筋の一番厚いところで担ぎ上げ、ストッパーを外す、③足幅を踵で肩幅にとり、つま先を少し外側へ向け、背筋をまっすぐにし前を見る（バーの真下に、土踏まずの中心がくる）。[ポ]足裏でバランスをとる。[注]腰が前に入り過ぎない。

吸う2秒 ➡
⬅ 吐く1秒

①股関節・膝・足首の順に曲げる（椅子に腰かけるイメージ）、②足裏でバランスをとりながら、深くしゃがむ（フルまたはパラレル）、③膝はつま先の真上にくる（脛と背中が平行）、④バランスを保ち、股関節を伸ばしながら立ち上がる。[ポ]しっかりと深くしゃがむ（フルかパラレル）。[注]猫背にならない。膝を絞らない。

レッグプレス（45度）【一般人】
[主]大腿四頭筋・ハムストリングス・大臀筋、[協]内転筋群・下腿三頭筋

マシン

①背もたれに体を預け、膝を曲げて足裏全体をプレートに付ける、②足幅は肩幅にし、つま先を少し外側にする、③レバーを握って、膝を伸ばしながらラックを外す、④胸を張って体幹に力を入れ、足を見る。[ポ]背中全体を背もたれに付ける。[注]背もたれから腰が浮き過ぎない。

吸う2秒 ➡
⬅ 吐く1秒

脚の位置

①胸を張って体幹に力を入れたまま、膝を曲げながら下ろす、②膝を胸の側面に向けて、こらえながら曲げる、③膝を曲げきってから、押し上げる。[ポ]深く下ろす。[注]膝を絞り過ぎず、開き過ぎない。腰を丸めない。

レッグカール【一般人】
[主]ハムストリングス、[協]腓腹筋

マシン

①マシンにうつ伏せに寝て、足首の裏側をパッドにセットする、②レバーを握り、足幅は腰幅程度にし、上体を固定する（足首は自然に曲げる）、③頭を起こし、自然に前を見る。[ポ]体幹を固定する。[注]膝を出し過ぎず、引き過ぎない。

吐く1秒 ➡

⬅ 吸う2秒

①体幹に力を入れて固定し、膝を曲げてパッドを上げる、②しっかりと膝を曲げきる、③こらえながら戻す。[ポ]大きく動かす。[注]体幹の力を抜かない。勢いをつけて戻さない。

レッグエクステンション【一般人】
[主]大腿四頭筋、[協]大腰筋

マシン

①シートに座り、バーを握って、パッドに足首前面を付ける、②足幅は腰幅程度にし、膝が90度以下に曲がるようにセットする（足首は自然に曲げる）、③背もたれに背中全面をつけて背筋を伸ばし、体幹に力を入れる、④胸を張って、前か太ももを見る。[ポ]体幹を固定する。[注]膝を出し過ぎない。

吐く1秒 ➡

⬅ 吸う2秒

①体幹を固定し、力を入れたままで上げる、②お尻・ハムストリングスをシートにつけたまま、膝を伸ばしきる、③こらえながら、戻す。[ポ]大きく動かす。[注]体幹の力を抜かない。腰を丸めない。

カーフレイズ【一般人】
[主]腓腹筋・ヒラメ筋、[協]腓骨筋群

マシン

①肩にパッドを当て、つま先を台に乗せる、②背筋を固定し、足幅を狭めにして、体全体をまっすぐにする、③踵を落として、ほんの少しだけ膝を曲げ、ふくらはぎを伸ばす、④自然に前を見る。[ポ]ふくらはぎを大きく伸ばす。[注]姿勢を崩さない。膝を曲げ過ぎない。

吐く1秒 ➡

⬅ 吸う2秒

①体幹を固定し、体全体をまっすぐにしたまま、踵を上げる（母指球でしっかりと支える）、②こらえながら下ろす。[ポ]大きく動かす。[注]足首を外側（小指側）へ曲げない。腰を引き過ぎない。膝を曲げ過ぎない。

マシンベンチプレス（チェストプレス）【一般人】
[主]大胸筋、[協]上腕三頭筋・三角筋前部

マシン

①台に寝て、レバーが胸の一番高いところの真横にくるようにする、②手幅は肩からこぶし一つほど外側にとる（肩幅の1.6倍）、③足を適度に開き、つま先は膝の真下にする、④お尻・後頭部を台に付けて上体を反らし、肩甲骨を寄せて胸を張る（グリップ・手首・肘のラインは鉛直）、⑤足裏全体を床に付けて、上を見る。[ポ]肩甲骨（背中）上部で支える。[注]レバーの位置が胸の一番高いところの真横から外れない。

吐く1秒 ➡

⬅ 吸う2秒

①上体を反らし、肩甲骨を寄せて胸を張ったままで、押し上げる、②上げきってから、グリップの真下に手首・肘を保ちながら下げる（弓を弾くイメージ）。[ポ]胸の張りを保つ。[注]肘がグリップの真下から外れない。

ペックデックフライ【一般人】
[主]大胸筋、[協]上腕二頭筋・三角筋前部

マシン

①シートに座り、背もたれに背中全体を付け、背筋を伸ばす、②足を適度に開き、つま先を少し外側にする、③レバーを握り、前腕外側と手の甲を直線にして、胸の前方で合わせる、④肘を少しだけ曲げて伸ばし、グリップを胸の正面にする（真横から見て、グリップ・肘・肩は腕が下がり、斜めで直線）（肘を張って上げ、肘頭を外側に向ける）、⑤肩甲骨を寄せて、胸を張り、足裏全体を床に付け、前を見る。[ポ]体幹を固定し、胸を張る。[注]肘頭を下にしない。

吸う２秒 ➡

← 吐く１秒

①胸を張り、肘を少し曲げたまま、円弧を描いてレバーを外側へ開く（肘頭を真後ろに引く）、②真横から見て、大胸筋と三角筋前部の境目くらいまで開く、③左右のバランスをとりながら、レバーを内側へ閉じる。[ポ]胸を張り、大きく動かす。[注]肘頭を下にしない。手首を内側・外側に曲げ過ぎない。

ラットマシンプルダウン【中学生〜】
[主]広背筋、[協]上腕二頭筋・三角筋後部

マシン

①手幅は肩幅より手のひら一つ強外側（1.6倍）で握る、②シートに座り、適度に足を開き、つま先をやや外側にする、③太ももをパッドに固定し、腕を伸ばす（小指側を深めに握ると広背筋を開きやすく、バーを引き下げたとき、縮めやすい）、④背筋をまっすぐにして、バーを見る。[ポ]肩甲骨を開く（上方回旋・外転）。[注]肩をすくめない。

吸う１秒 ➡
※力発揮を重視する場合は呼吸が逆になる
← 吐く２秒

①胸を張って、やや上体を後ろへ倒し、バーを胸上部に向かって引き下げる（上体を反らし、ワイヤー・バー・手首・肘のラインは直線）、②肩甲骨を寄せ、バーを引ききる（肩を下げて、肘を下げるイメージ）、③バランスをとりながら、元に戻す。[ポ]肩甲骨を回して大きく動かす（下方回旋・内転）。[注]肩をすくめたまま、腕だけで、引かない。肘がワイヤー・バー・手首の直線から外れない。

フロアープーリーロウ【一般人】
[主]広背筋、[協]脊柱起立筋・上腕二頭筋・僧帽筋・三角筋後部

マシン

①シートに座って、足を前のプレートに置く、②膝を少し曲げてレバーを握り、腕を伸ばす（小指側を深めに握ると広背筋が開きやすい）、③背筋をまっすぐにして、60度ほど前方に傾斜して広背筋を伸ばす、④プレートに足裏全体を付けて、前を見る。[ポ]体幹をまっすぐに固定する。[注]肩をすくめない。猫背にならない。

吸う1秒 ➡
⬅ 吐く2秒

①胸を張って、肘を後ろへ引く（ワイヤー・手首・肘がほぼまっすぐになる）、②肩甲骨を寄せ、手が腹に付くくらいまで引き切る（小指側を深めに握ると広背筋を縮めやすい）、③コントロールしながら、元に戻す。[ポ]肩甲骨を大きく動かす（外転・内転）。[注]猫背にならない。膝を伸ばしきらない。上体を後ろに倒し過ぎない。

シーテッドロウ【一般人】
[主]広背筋、[協]僧帽筋・上腕二頭筋・三角筋後部

マシン

（シートの高さと胸当てパッドを調整する）①シートに座って、足掛けに足を置く、②腕を伸ばして前のレバーを握る、③胸当てのパッドに胸を付け、広背筋を伸ばす、④体幹に力を入れて、前を見る。[ポ]広背筋を伸ばしておく。[注]肩をすくめない。

吸う1秒 ➡
⬅ 吐く2秒

①胸を張って、肘を後ろへ引く、②胸当てのパッドにはお腹を付けて、肩甲骨をできるだけ寄せて、引き切る、③コントロールしながら、元に戻す。[ポ]肩甲骨を大きく動かす（外転・内転）。[注]猫背にならない。胸当てのパッドから体を離さない。

参考文献

荒川裕志『世界一使える筋トレ完全ガイド――あなたに最適な種目がわかる・選べる』日本文芸社（2018）

池谷裕二『記憶力を強くする――最新脳科学が語る記憶のしくみと鍛え方』講談社ブルーバックス（2001）

池谷裕二『脳には妙なクセがある』扶桑社（2013）

石井直方『レジスタンストレーニング――その生理学と機能解剖学からトレーニング処方まで』ブックハウス HD（1999）

石井直方『みんなのレジスタンストレーニング――安全で効果的に筋トレを行うための知識と「部位別メニュー」』山海堂（2000）

石井直方『筋を鍛える――トレーニングするとからだはどうなるのか？』山海堂（2001）

石井直方『究極のトレーニング――最新スポーツ生理学と効率的カラダづくり』講談社（2007）

石井直方『トレーニング・メソッド』ベースボール・マガジン社（2009a）

石井直方『筋肉学入門――ヒトはなぜトレーニングが必要なのか？』講談社（2009b）

石井直方『筋を鍛える――ヒトはトレーニングによってどう変わるのか？』講談社（2009c）

石井直方『子どもの能力をとことん伸ばす筋力トレーニング』毎日コミュニケーションズ（2010）

石井直方『筋肉革命――人生を楽しむ体のつくり方』講談社（2011a）

石井直方『一生太らない体のつくり方＆スロトレ 新装版』エクスナレッジ（2011b）

石井直方監修『体脂肪燃焼トレーニングメソッド』成美堂出版（2012）

石井直方『石井直方のトレーニングのヒント』ベースボール・マガジン社（2013）

石井直方『石井直方の筋肉の科学』ベースボール・マガジン社（2015）

石井直方総監修／NHK 出版編『"筋力アップ"で健康――今からでもできる！「動けるカラダ」づくり』NHK 出版（2016）

石井直方・岡田　隆『5つのコツでカラダが変わる！　筋力トレーニング・メソッド』高橋書店（2011）

石井直方・谷本道哉『スロトレ』高橋書店（2004）

石井直方・谷本道哉監修『スロー＆クイックトレーニング――体脂肪を減らす、筋肉をつける 決定版』MC プレス（2008）

石井直方・谷本道哉『1日5分スロー＆クイック 体脂肪を燃やす最強トレーニング』高橋書店（2017）

岡田隆・竹並恵里監修『筋肉をつくる食事・栄養　パーフェクト事典』（ナツメ社、2018）

川初清典「脚筋の力・速度・パワー能力の年齢別推移」『体育学研究』19 巻、4-5 号、pp. 201-206（1974）

左 明・山口典孝著／石井直方監修『カラー図解 筋肉のしくみ・はたらき事典』（西東社、2009）

谷本道哉『トレーニングのホントを知りたい！──話題の「最新トレーニング法」をブッタ斬り！』ベースボール・マガジン社（2007）

谷本道哉『筋肉をつける、使う、ケアする──カラダづくり自由自在！』ベースボール・マガジン社（2006）

谷本道哉著／石井直方監修『スポーツがうまくなる!! 身体の使い方、鍛え方』マイナビ（2012）

谷本道哉著／石井直方監修『使える筋肉・使えない筋肉 理論編──筋トレでつけた筋肉は本当に「使えない」のか？』ベースボール・マガジン社（2008）

谷本道哉・岡田隆・荒川裕志『基礎から学ぶ！ ストレッチング』ベースボール・マガジン社（2009）

長崎スポーツ栄養研究会「ストレッチングによる柔軟性向上のメカニズム」『スポーツ科学 NAGASAKI』、Vol. 25、長崎県教育委員会（2018）

久野譜也『筋トレをする人が 10 年後、20 年後になっても老けない 46 の理由』（毎日新聞出版、2015）

森清光著／宮畑豊監修『「シルバー元気塾」2 万人──成功の記録と秘訣』（日本医療企画、2006）

吉田進『パワーリフティング入門』（体育とスポーツ出版社、2010）

Buchman A. S. *et al.*, Total daily physical activity and the risk of AD and cognitive decline in older adults., *Neurology.* Vol. 78, 1323-1329（2012）.

Ishii, N. *et al.*, Roles played by protein metabolism and myogenic progenitor cells in exercise-induced muscle hypertrophy and their relation to resistance training regimens. *J. Phys. Fitness Sports Med.*, Vol. 1, 83-94（2012）.

Israel S., Age-related changes in strength and special groups. *Strength and Power in Sport*（Komi, P. V. ed.）319-328, Oxford（1992）.

Larson E.B. et al., Exercise is associated with reduced risk for incident dementia among persons 65 years of age and older., *Ann. Intern. Med.* Vol. 144, 73-81（2006）.

Netter, F. H., *Musculoskeletal System*, The Ciba Collection of Medical illustrations. Vol. 8（1987）

索 引

執筆者紹介（五十音順）

石井 直方（いしい・なおかた）
東京大学名誉教授、東京大学社会連携講座特任研究員、理学博士
1955 年生まれ。東京大学理学部卒業、同大学院博士課程修了。1999 ～ 2020 年東京大学大学院総合文化研究科教授。専門は運動生理学、トレーニング科学。1981 年ボディビル ミスター日本優勝・世界選手権 3 位。1982 年ミスターアジア優勝。2001 年全日本社会人マスターズ優勝など、競技者としても輝かしい実績を誇る。少ない運動量で大きな効果を得る「スロトレ」の第一人者。エクササイズと筋肉の関係をベースにした健康や老化防止についてのわかりやすい解説には定評がある。
著書：『トレーニングをする前に読む本』（講談社、2012）、『筋肉学入門』（講談社、2009）、『スロトレ完全版』（共著、高橋書店、2009）、『石井直方の筋肉まるわかり大事典』（ベースボール・マガジン社、2008）など多数

柏口 新二（かしわぐち・しんじ）
国立病院機構徳島病院整形外科医師、医学博士
1955 年生まれ。徳島大学医学部医学科卒業、徳島大学医学部整形外科講師、国立療養所徳島病院医師、東京厚生年金病院（整形外科部長）、JCHO 東京新宿メディカルセンター（旧厚生年金病院）などを経て、現職。医学部の学生時代から空手、筋力トレーニングを始め、その後パワーリフティングに転向し、中尾達文先生、宮畑豊会長にも師事。トレーニングを継続している。発育期のスポーツ外傷，障害などを専門としている。
著書：『子どもの体が危ない！運動器障害』（共著、柏植書房新社、2019）、『野球肘検診ガイドブック』（共編著、文光堂、2018）、『肘実践講座 よくわかる野球肘離断性骨軟骨炎』（共著、全日本病院出版会、2013）など多数

髙西 文利（たかにし・ふみとし）
マルヤジム主催、福岡ソフトバンクホークス・トレーニングアドバイザー
1955 年生まれ。法政大学卒業、1991 ～ 1996 年全日本ボディビル選手権ミドル級優勝、アジアボディビル選手権ミドル級優勝、ワールドゲームス世界第 6 位（1993年日本人初）。三菱重工長崎硬式野球部、福岡ソフトバンクホークス（2010 ～）な

どで筋力トレーニング指導。長崎県スポーツ協会スポーツ医科学委員、長崎県ボディビル連盟会長、長崎県パワーリフティング協会理事、日本ボディビル連盟1級審査員・指導員。

著書：『使える筋肉・使えない筋肉 アスリートのための筋力トレーニングバイブル』（共著、ナツメ社、2018）、『ジュニア期のスポーツ外傷・障害とレジスタンストレーニング Q&A』（共著、長崎県スポーツ協会、2005）、『ジュニア選手も知っておきたいドーピング防止 Q&A』（共著、長崎県スポーツ協会、2002）、『ジュニア選手も知っておきたいスポーツ栄養学 Q&A』（共著、長崎県スポーツ協会、2001）

実技モデル

小林 光司

髙西 利輝

髙西 文利

撮影場所

株式会社マルヤジム

筋力強化の教科書

2020年 7月17日 初 版
2022年 8月 1日 第6刷

［検印廃止］

著　者　石井直方・柏口新二・高西文利

発行所　一般財団法人　東京大学出版会

代表者　吉見俊哉
153-0041 東京都目黒区駒場4-5-29
http://www.utp.or.jp/
電話 03-6407-1069　Fax 03-6407-1991
振替 00160-6-59964

組　版　有限会社プログレス
印刷所　株式会社ヒライ
製本所　牧製本印刷株式会社

ISBN 978-4-13-053704-9　Printed in Japan

東京大学身体運動科学研究室 編

身体運動・健康科学ベーシック

A5 判 /256 頁 /2,000 円

寺田　新

スポーツ栄養学

A5 判 /256 頁 /2,800 円

科学の基礎から「なぜ?」にこたえる

深代千之・川本竜史・石毛勇介・若山章信

スポーツ動作の科学

A5 判 /296 頁 /2,400 円

バイオメカニクスで読み解く

深代千之

〈知的〉スポーツのすすめ

四六判 /224 頁 /2,400 円

スキルアップのサイエンス

深代千之・内海良子

身体と動きで学ぶスポーツ科学

A5 判 /208 頁 /2,800 円

運動生理学とバイオメカニクスがパフォーマンスを変える

深代千之・安部　孝 編

スポーツでのばす健康寿命

A5 判 /304 頁 /2,800 円

科学で解き明かす運動と栄養の効果

ここに表示された価格は本体価格です．御購入の
際には消費税が加算されますので御了承ください．